关于庄子的五十四种解读与书写

斯舜威 著

中国出版集团
東方出版中心

目 录

五十平闲读老庄（自序）

斯舜威

自号“平闲堂”，始于2005年。是年时逢本命，运交华盖，初夏之际，以“莫须有”之故被免去《美术报》总编之职，挂个“正处级调研员”虚衔，过起了“工资照拿，上班自由”的闲散生活。空闲下来了，我去得最多的地方是书店、图书馆、健身房，还有就是流连湖山，驾车到西湖边的某个幽僻所，信步赏景，忘情吐纳。久居杭州，仿佛还是第一次发现湖山深处竟有如此佳绝处。读书写作，临池玩帖，锻炼身体，放纵心灵，自得其乐，中隐于市，真有恍若地仙之感。《百年画坛钩沉》就是那时写成的，蜜蜂采蜜一般，写成了这本编年体的画坛掌故录，自以为颇得佳趣，此书2008年在中国出版集团东方出版中心出版。说来，与东方出版中心也是有缘，之后，我趁“赋闲”之际又于2009年在东方出版中心出版了《中国当代美术30年（1978—2008）》，这本书出版社是作为重点书推出的，装帧精美，版式大气。从网上看到，有美院学子还把这本书列为报考美术院校研究生的必读参考书。如果没有这几年的“闲散”时间，是不可能完成这两本著作的，这也算是“失之东隅，收之桑榆”吧！

这段时间我还通读了王伯敏、任道斌先生主编的大部头《历代书论》，读了多种版本的《历代画论》，做了大量笔记。记得被免去总编职务的那天，我回家后在餐桌上和妻子开玩笑说：“我可以开高档车了。”妻子立马明白了我的意思，爽快地回答：“好啊！你喜欢宝马，还是奔驰？现成一点的话就沃尔沃好了。”那时妻子的公司有沃尔沃专营权，选中一辆就可以去上牌的。我说：“就沃尔沃吧，低调点，毕竟我不是老板，只是一个文人而已。”岳母和儿子有点奇怪，妻子若无其事地解释道：“当家的不当总编了。”岳母便说：“年近半百，儿子也已经考上大学，你是该轻松一点了。”刚刚考上厦门大学的儿子则说：“老爸，没事，今后有我呢！”这个只有夫妻间心照不宣的“哑谜”源于数年前一段对话，我说：“换了几个职务，坐的都是桑塔纳，看来这辈子注定是坐桑塔纳的命了。”妻子说：“坐公车，你只能桑塔纳，什么时候不当芝麻官了，自己买车，就买一辆高档的。”妻子的敏捷和豁达令我动容，没几天她果真让我开上了沃尔沃S80。好多年过去了，这辆车我一直舍不得换，不仅仅因为车好，更重要的是难忘亲人们在我受到挫折之后给予的理解和支持。那段时间，圈内对我的免职传言纷纷，但妻子从未问过半个字，从未说过一句话，“后院”非常平静。

值得一提的是，我还认真通读了《老子》和《庄子》，并且写了不少读书笔记，其中读庄笔记54篇，每篇都是千字文，当时就已经有书法创作计划，便一概用4个字做标题。那时社会上兴起了一股“老庄热”，书店里各类有关老庄的著作很多，但我除了看原著，对众多老庄畅销书概不问津。我之所以读老庄，也无关乎“老庄热”，而是人到中年的精神世界，需要得到老庄的滋养与关怀。清茶一杯，细细品读，偶有会意处，恍与古人晤对。我只关注自己品读老庄的点滴感受，读庄是一种享受，写庄也是一种享受，是一种精神的莫大慰藉。世俗的纷扰，不知不觉消隐了，身心如同清风朗月一般平静祥和。

通常人们都觉得老庄哲学是消极遁世的，我以为恰恰相反，老庄对自然界、人间世有着极深刻的认识，对宇宙本源及运行规律“道”有着极透彻的体悟和阐述，他们所提倡的“天人合一”、“清静无为”等思想应对现实社会有着极重要的意义，因而说，他们是积极的，最大的“积极”，便是顺势而为，应势利导，道法自然。他们找到了人与大自然保持和谐关系的途径，这途径，也同样适用于处理人与社会、人与人之间的关系。这途径，一言以蔽之，就是“无”。特别值得一提的是，老庄倡导的“无为”，是为了“无不为”，非常积极。一个人如果对人类、对宇宙的认识达到了空前的高度，那么，他就会非常平静地面对所遇到的一切，不管顺境还是逆境。不知不觉，自己仿佛站到了一个高处，俯视芸芸众生，俯视漫漫历史，俯视茫茫未来。这样说，绝非自高自大，而是指借助于老子和庄子提供的“梯子”，立足点有所提升罢了。这样一来，自然不会为一官半职的去就耿耿于怀，也不会为渺小而短暂的人生的荣辱得失而斤斤计较。一切都淡然处之，无可无不可，有得也有失，能上亦能下，心无挂碍。要做到这一点，真的很感谢老子和庄子。

调整好状态，也就明确了此生此世前行的方向和活着的意义。我把自己定位为一个文人，一个有着古典情怀的江南文人，一个无须为衣食住行过多操心的文人。我每天的生活很有规律，基本上是在读书、写作、临帖、散步、品茶、小酌中度过的，每年都至少完成一部著作并出版，在全国好几家报刊开辟个人专栏，书法创作也呈现新的面貌。我突然发觉，在卸掉职务之类的外在负担后，人会变得相当轻松，这时你又可以捡拾起一些你自己真正感兴趣的东西。作为77级中文系毕业生，我学生时代的梦想是做一名文人，而且此心此情从未改变。那么，不担任行政职务，减轻一些工作负担，只会有助于我实现学生时代的梦想，又有何不好呢？这恰恰是上帝给予的恩赐啊！

就这样过了4年，直到2009年浙江美术馆建成开馆前夕，在一直关注着我的领导和朋友的怂恿和支持下，我奉命任职于此。当我离开了工作13年的《美术报》时，风轻云淡，没有感慨，没有留恋，更没有伤怀，就如同我并未到过此处一样。我之所以乐意再作冯妇，是因为这是我感兴趣的工作，是一份本职工作和个人爱好可以有机结合的工作，是八小时内外几乎没有多少区别、依然可以沿着业已形成的文人道路前行的工作，是可以整天流连于湖山胜景乐此不疲的工作。在这里，与同事相处和谐，心情舒畅，工作得心应手，文事顺风顺水。一直和我保持联系的东方出版中心副编审戎礼平女士几次组稿，我于2010年、2011年又相继出版了《海上画派》及《宰相世家》。与东方出版中心的书缘还在继续，这次，我得空重新阅读了54篇读庄笔记，发现多年前的感悟和文字依然能够让自己认可，就如同多年前自己酿的一坛酒，开坛后香味和口感都还不错，于是，舍不得独享，而要"献芹"一般拿出来与更多的朋友分享。文字基本上不做改动，保持原貌，而54幅行草书法，是2013年为配合出书而一气写就的。这书法，与当年读庄子写笔记时相比，肯定有所长进了。问题在于，仅仅隔了一年，这一年我临摹了大量汉隶和魏碑，我突然发觉这批书法并不十分理想，如果现在重写，肯定会写得更好。于是，又写了54幅隶书书法，依然不是很满意，但多少能够通过笔墨来表达我对庄子的理解，与读庄文字应该是能够相辅相成的。

最后，我不得不承认，老子和庄子，博大精深，玄妙莫测，只能意会，不能言传，任何人无法穷尽其理，我的所谓"五十四种解读"，只是一家之言，一鳞半爪罢了。只是因为这些文字在我人生中有"柳暗花明"之效，故敝帚自珍，不忍舍弃，浅陋谬误之处，有待方家批评教正。

2014年3月26日急就于杭州至北京航班上

1 与物无待

若夫乘天地之正，
而御六气之辩，
以游无穷者，
彼且恶乎待哉！

——《庄子·逍遥游第一》

庄子以鲲鹏展翅九万里作为意象，说明自由自在逍遥游于天地之间，是人生的最高境界。但是，"逍遥游"并不容易，即使连鲲鹏展翅也需要依赖于大风，依赖于青天，不得不有所待，难以"游无穷"，人生在世，要自由自在更难。因为人并非孤立地生活在世间，而是存在于错综复杂的社会中，离不开和方方面面的人与事打交道，必须依赖于各种关系，这样，难免要有求于人，有求于物，要陷于各种矛盾之中。这就是"有待"！人要达到某一目的，就必须有所依赖与凭借，必须受到种种主客观因素的限制与束缚，无法完全"自由"。

比如，某些人想当官，就必须折腰逢迎，必须对上级言听计从，乃至百般阿谀巴结。所以，热衷于仕途者，别说不可能自由自在，甚至不可能保持独立的人格。看到那些宫廷戏中做臣子或下属的一个个跪拜磕头的样子，深感当官这份差事也不容易。哪怕位列三公九卿，在皇帝眼里，也不过是家奴一个。纪晓岚就被乾隆斥责为"家奴"。纪晓岚以为自己受到器重，想提一点意见建议，被乾隆骂了个狗血喷头："你以为你是谁？你一个小小家奴，轮得到你来说三道四？"纪晓岚立马清醒了不少，夹起了尾巴。现在虽然没有跪拜磕头的形式了，但俯首帖耳的基因却不是轻易就能消除的。李鸿章也算是"一人之下，万人之上"的人物了，他做官的秘诀是"受尽天下百官气，养就心中一段春"，可见他即使在部属面前，也难免要"受气"，更别说在慈禧面前，在列强面前了。哪怕到了最高层，乃至君临天下，也无法随心所欲，要受到种种制约。

想发财的，钱财不可能从天而降，必须通过种种办法获得。不少商人，凡对有利于自己赚钱的无不投其所好，特别是一些"特殊行业"的人，为了打通关节，拿到项目，简直不择手段，甚至不得不做一些有损人格的事情。马克思的《资本论》一条注释中曾引用邓宁格的一段话："一有适当的利润，资本就会非常胆壮起来。只要有百分之十的利润，它就会到处被人使用；资本有了百分之二十的利润，便活跃起来；有了百分之五十的利润，就会铤而走险；有了百分之百的利润，就敢践踏一切法律；有了百分之三百的利润，就敢冒绞首的危险。" 此言可谓一语中的。

热衷于成名成家的，与当官发财者在本质上并无二致，名利场上的角逐，总是充满肮脏的气息。比如那些做着明星梦的女人们，为了上角色，不得不服从 "潜规则" 陪导演们上床，有的甚至巴不得获得有名导演和制片人的 "潜规则"。如果你自己无所求，当好色的导演、制片人想吃你的豆腐，你就可以狠狠地给几个耳刮子的，甚至报警，哪里用得着 "为艺术而献身"？现在形势有了新的发展，连女研究生、女博士生对导师也是需要 "献身" 的，否则，论文就很难通过，学位就难以得到。于是乎，"要得到，首先得付出"，在很多时候，往往是付出大于得到。或者说，自以为得到了很多，得到了自己渴望的东西，但实际上在得到的过程中却不知不觉付出了更宝贵的东西。

所以说，要想达到自由自在的境界，就应该 "无待"，无所企求，无所依赖与凭借，不受外在的名利缰绳的束缚。沈括《梦溪笔谈》记载了一个故事：贾魏公为相日，有许姓方士，言谈颇佳，然视公卿蔑如也，即觉得公卿没什么了不起，不当一回事。贾魏公欲见，四邀不至。后来门人苦邀方骑驴至，且径造丞相厅事而不下驴。门吏拦阻道："此丞相厅门，虽丞郎亦须下。" 许答道："我无所求于丞相，丞相召我来，如果这样，我就回去了。" 果真不下驴而回。丞相使人谢而召之，终不至。丞相叹曰："许市井人耳，惟其无所求于人，尚不可以势屈，况其以道义自任乎。" 从这个故事中，可以看出无所求，无所待，则可以权势不能动。权势只有在贪势者眼里才是珍贵的，财富只有在爱财者心中才是重要的，美色只有在好色者那里才是稀罕的，如果有人对权势、财富和美色无动于衷，无所待，则权势、财富和美色都将失去其通常的魔力。

问题在于，人活在世上，要生存，要发展，不可能一无所求，哪怕是满足起码的需求，也必须有所付出，不可能完全 "与物无待"。能够少一些非分之想，少一些非分之求，便可保持健康的心态、快乐的心境。要求得到的越少，内心越宁静。

如果能够做到无所求，看似无所得，实则无所不得。

2 去我顺物

至人无己，神人无功，圣人无名。

——《庄子·逍遥游第一》

“与物无待”的难处，在于人有物欲，有所求。要无待，必须寡欲，必须无求。为此，庄子提出了为人的理想境界——“至人无己，神人无功，圣人无名”，所谓“无”，也即要摆脱自我的包袱，放弃一切追求，做到无己、无功、无名，一句话，“去我顺物”。

人最难放弃的是对功名利禄的向往，对物质利益的热衷，也即离不开名利场的诱惑。不少人嘴上说视名利如浮云，实际上离开名利如同要了他的性命；不少人心里也知道钱财乃身外之物，生不带来，死不带去，但实际上生命的每时每刻无不在为钱财而忙碌，如此则往往迷失自我，不知自己活着究竟为了什么。

最好的办法是“无己”，忘却自己，去我顺物。试想想，连自己都不放在心里，把“我”丢到了一边，还有什么外在世界可以制约自己的？

中国知识分子功名心特别强烈，似乎男子汉大丈夫到世上走一遭，不博取功名，便枉为做人似的。因而，为了功名，不惜同室操戈，自相残杀；不惜钩心斗角，尔虞我诈；不惜流血流汗，抛弃生命。得功名者，荣华富贵，鸡犬升天，光宗耀祖，衣锦还乡；得不到功名者，别人看不起，自己也觉脸上无光，抬不起头来。实际上，所有的功名都是稍纵即逝的，都是虚幻。可惜很少有人能够看破参透。

能看破的只有许由。当尧要让天下给许由时，他坚辞不受，说：“鷦鷯巢于深林，不过一枝；偃鼠饮河，不过满腹。归休乎君，予无所用天下为！”这话平白如同现代文，但因为有趣，我还是想复述一遍：深林虽广，但鷦鷯不过借一枝栖身就够了；河水虽深，但偃鼠喝饱也就够了。回去吧，君主！天下对我一点用处也没有啊！

想想也是，天下虽然富饶，但人生一世，所需求的实际上比“一枝”、“满腹”多不了多少，得到天下又有什么用呢？

可是，一部中国历史，实际上就是一部血淋淋的争夺天下的历史。难道争夺天下者不知道人生所欲，不过“一枝”、“满腹”而已？

我只能说，尧舜的时候，虽然贵为“天子”，拥有天下，但特权是没有的，治理国家，只是尽义务，多付出辛劳罢了。我无从知道的是，如果得到天下有如同后世那么多特权、那么多特殊享受、那么多至高无上的满足感，不知道许由的态度会不会动摇；如果后世的君主一直像尧舜时期那么没有特权，不知道那些“真龙”们还会不会争得天翻地覆。

有一段真实的记载：抗战中期，美国新闻记者组团前往延安，他们被共产党人的精神气质所鼓舞。回来后，他们对宋美龄说了延安的所见所闻，感慨于中国居然还有这样一群积极上进、健康廉洁的人存在。宋美龄沉思良久，说道：“我承认，也许你们说的都是真的，但是，那只不过是因为他们还没有尝到真正权力的滋味。”现在回过头来想想宋美龄的话，真是振聋发聩啊！

扯远了！还是回到原来的话题吧。不过，想想那些帝王们身后也不过是埋身黄土而已，尽管那黄土比平民百姓要厚一些，厚得堆积成山陵，结果也是腐烂成黄土。帝王尚且如此，所谓得功名者更不值得说了。

如此说来，倒不如像庄子说的干脆“无功”、“无名”算了。至少，活着的时候，可以自由自在，无拘无束。

庄子刻画了一位“神人”的形象：“肌肤若冰雪，淖约若处子；不食五谷，吸风饮露；乘云气，御飞龙，而游乎四海之外。”这“神人”，应该就是无己、无功、无名者的化身。他是那么美好，又是那样的可望而不可即。如此看来，要做到“去我顺物”，也是不容易的。还是让我们保持这样一种美好的形象吧！心中常怀有一位冰清玉洁的“神人”，那么，精神情操或许会有所不同。

3 顺物自然

今子有大树，
患其无用，
何不树之于无何有之乡，
广莫之野，
彷徨乎无为其侧，
逍遥乎寝卧其下。

——《庄子·逍遥游第一》

画家林海钟喜欢画树，或者说我喜欢林海钟画的树。他的树仿佛是从几千年前遗留下来的，枝干虬盘，饱经风霜，在广漠之野独立于世，超然方外。他惯用一个题目：吾有大树名曰樗。

原来他画的是樗。

庄子和惠子有过一段关于樗的对话：

惠子谓庄子曰："吾有大树，人谓之樗。其大本擁*肿而不中绳墨，其小枝卷曲而不中规矩。立之涂，匠者不顾。"

庄子曰："今子有大树，患其无用，何不树之于无何有之乡，广漠之野，彷徨乎无为其侧，逍遥乎寝卧其下。不夭斤斧，物无害者，无所可用，安所困苦哉！"

樗，是一种木质很差的木头，派不了什么用场，别说木匠不会看它一眼，当年我当农民时砍柴也不会选择它，它甘于寂寞，甘于承受人们的不屑和不顾。但是，在庄子看来，正因为它没有什么用处，就不会夭折于斤斧，不会受到意外的伤害。它可以自由自在地扎根于无何有之乡，生活在广漠之野，岂不安然？与那些所谓的栋梁之材相比，它活得更自然、坦然、悠然。

然而，人们往往是热衷于当"栋梁之材"的，拼命按照某一种标准"培养"自己，以便适合手执斤斧者的需要，期盼着有朝一日能够到庙堂里去做一根柱子，或者椽子，哪怕是踏脚的门槛，轮不到，竟郁郁不得志。于是将希望寄托到子女身上，不让子女有自

---

* 擁，通臃。

由自在生长的空间，一味按照“成材”模式进行扭曲、矫正，被斤斧砍去则洋洋自得，以为终于“成材”，未被砍去，反而无比沮丧，以为无能。

众所周知，中国现在的教育制度存在很大的问题，问题的症结就在于：家长和学校都按照已经扭曲的模式努力让学子们“成材”，结果却是普遍的畸形和扭曲。教育的问题谁都看到了，却谁都无法改变。这是一个民族的悲哀！

还是做一棵大樗吧！即便没有人会将它放在眼里，没有人会留意它，那又有何妨？按照大自然的生存法则，尽情享受大自然赐予的阳光、雨露、空气，而大可不必理会身边别的树是去做“栋梁”了，还是被砍去当柴烧了。

无用，便是顺物自然，是随其所用，是无用之用。

人生要有用不难，要无用却更难，也更可贵。

谓予不信，请翻开中国历史看看，许多今天视为珍宝的，当初或许都不过是“无用之物”罢了！事实证明，“无用之用”，结果却是“大用”。古代的文人墨客们喜欢以雅玩的心态，做一些“无用之事”，比如无补于国计民生的吟诗挥毫，千百年之后，这些诗词与书画反倒变成了中华文化的主脉，成了珍贵的宝藏。

林海钟曾给我画过一幅小品，画面上就孤零零的一棵树，名字就叫《吾有大树名曰樗》。

不知是他自己想做樗，还是提醒我做樗？

4 莫若以明

道隐于小成，
言隐于荣华。
故有墨儒之是非，
以是其所非而非其所是。
欲是其所非而非其所是，
则莫若以明。

——《庄子·齐物论第二》

庄子曰:“物无非彼，物无非是。”“彼出于是，是亦因彼。”“是亦一无穷，非亦一无穷也。故曰:‘莫若以明’”。

这些观点是值得玩味的。

按照我们这代人从小接受的教育，做人应该“是非分明”，而“是非不分”、“混淆是非”都是不对的。

但是，是非是什么？是非何在？我们却并不清楚。准确地说，我们从小接受的是非标准，都是站不住脚的。

比如:我出生于1957年。那一年，全国许多人，包括我的外公，被打成“右派”。按照当时的是非标准，“右派”们均为“非”。但是，时隔二十余年，他们都被“平反”。也就是说，他们非“非”，而是“是”。是非的标准，在一开始就被模糊了。

稍后，提出“四类分子”的概念。也就是地、富、反、坏，加上“右”，实际上是“黑五类”。他们都是错的，属于“非”的范畴。记得我三四岁的时候，妈妈要出门，把我托付给一位邻居老婆婆，我坚决不同意，说:“我不和她在一起，她是地主婆。”但是，后来“黑五类”除了其中的小部分确属社会渣滓的“坏分子”之外，绝大部分都平反了。

再后来便是“文革”，一个个造反派组织，公说公有理，婆说婆有理，从唇枪舌剑，到文攻武卫，看似爱憎分明，实则糊涂透顶，闹得鸡犬不宁，打得血流成河。后来事实证明，大家都错了。

够了。在经历了一次次玩弄之后，人们的脑袋，已经被所谓“是非”麻木了。

其实，所谓是非，不过是掌握话语权的人的一种好恶观，一种现实的功利需要罢了。今天“是”，并不意味着明天亦“是”；今天“非”，并不意味着明天亦“非”；人们普遍认定“是”，可能恰恰为“非”，人们普遍认定为“非”，时间却证明是“是”。这样说，并不是否定是非观，而是提醒大家比是非观更重要的是“明”。

由此便体现了庄子的睿智和伟大。在他看来，没有彼，便没有此；没有此，便没有彼。没有是，便没有非；没有非，便没有是。它们本身便是对立统一、互为依存的。谁也离不开谁。少了对方，则意味着自身的消亡。因而，“莫若以明”，不如回归到最初的根本的虚无之道那里去。在那里，无所谓彼此，无所谓是非，无所谓真伪，一切都是混沌的，也是等同的，这是多么令人神往的世界啊。

纵使无法回归，至少可以让人少一点狂妄自大，少一点自作聪明，少一点自以为懂得“是非”的无知，从而少一点是是非非。

5 万物为一

天下莫大于秋豪*之末，
而大山为小；
莫寿于殇子，
而彭祖为夭。
天地与我并生，
而万物与我为一。

——《庄子·齐物论第二》

如果要说相对论，庄子的认识，似乎比爱因斯坦要更早一些，而且形象易懂，深入浅出。比如他说："天下莫大于秋豪之末，而大山为小；莫寿于殇子，而彭祖为夭。天地与我并生，而万物与我为一。"真是简明扼要，精辟深刻。

秋毫是最微小的，人们习惯于拿秋毫来比喻微小的东西，但是，庄子却认为它最大，因为庄子认为天下万物本来都是"无"，与"无"相比，秋毫自然为大；泰山都认为是五岳之尊，当然是大的，但在庄子看来天下万物原本是浑然一体的，泰山只是其中一个小点，自然为小。辛弃疾词"人间万事，毫发常重泰山轻"，应该也是受了庄子思想的影响。

殇子与彭祖也一样，在人们习惯的思维中，一个是短命的，一个是长寿的。但是如果换一种比较方法，拿殇子与"无"相比，他是长命的；拿彭祖与天地万物的无限性相比，彭祖是短命的。长和短，大与小，都是辩证的，相比较而言的。

其实，与整个宇宙世界相比，秋毫与泰山，殇子与彭祖，其大小和长短，真没有多少区别。何况与"道"相比，连宇宙也无足挂齿，更不要说回到原始状态，大家都是"无"，都是"一"，没有什么区别可言。

这不是诡辩，而是认识事物的一种方法。

有了这种认识论，人们就会豁达得多，超脱得多，开通得多，就不会为了一些鸡毛蒜皮而斤斤计较，患得患失。

---

* 豪，通毫。

套用庄子的表达方法，我们或许可以说：斗升小民为富，而亿万富翁为贫；帝王将相为穷，而贩夫走卒为达。

这一点对中国人来说或许尤为重要，因为中国人的国民性里面，对权贵、富豪有一种过分的向往和臣服情结，其实，所谓权贵和富豪与你并无二致，也不过是普通人而已，有许多地方可能远不如你华贵、充实和富足！

无论往后追溯，还是往前瞻望，世界万物都是同一的。万物为一，不管如何折腾，结局都在“一”之中。作为生命的个体，人最值得自豪和珍惜的，就是自己是“一”，与万物等量齐观的“一”。

6 天府葆光

故知止其所不知，至矣。孰知不言之辩，不道之道？若有能知，此之谓天府。注焉而不满，酌焉而不竭，而不知其所由来，此之谓葆光。

——《庄子·齐物论第二》

天府者，圣人之胸怀也，宽广如天，包容一切；葆光者，隐藏之光辉也，善藏也。庄子是不是要告诉我们：圣人应该拥有广阔的胸怀，应该善于韬光养晦？

为了阐明这一思想，他提出相应的观点："大道不称，大辩不言，大仁不仁，大廉不嗛，大勇不忮。"他的观点，在我们这一代接受了几十年"无产阶级意识形态"教育的人听来，简直觉得不可思议。但事实证明，他的观点是高妙的。

比如，他认为大道无穷而又不可捉摸，所以是不可能说明的，故曰"不称"。然而我们，整天接受所谓"远大理想"的教育，即使内心反感、不相信，也要装出十分虔诚的样子来。殊不知，"道昭而不道"。自以为把大道说明白了，其实并没有说明白；能够说明白的道，并不是大道。

他认为掌握了高论，不必说。一说便有是非，便与大辩不相干，故曰"不言"。而多少年来我们习惯了大字报、大辩论、大鸣大放，口水仗、笔墨官司，打得死去活来。到头来，却是瞎胡闹而已。"言辩而不及"，何其明智。

他认为"大仁不仁"，也即大仁是不会有所爱的，无所谓爱与不爱，因为有所爱便有所不爱，有所不爱便不是大仁。而我们接受的教育，是阶级斗争，是爱憎分明，是没有无缘无故的爱，没有无缘无故的恨，是将人分出三六九等，对不是一个阶级的人不管怎么打击、怎么摧残、怎么灭杀也不过分。发展到后来，对同一阶级、同一阵营的人也自相残杀起来。这种打着爱的旗号，干着恨的勾当的事情，简直司空见惯。"仁常而不仁"，爱一旦有所固定，就不成其为大仁了，因为爱有所固定，则必定意味着对固定之外的部分无法顾及，乃至蔑视，乃至毁灭。

大廉不嗛*，耐人寻味。自从人类产生统治阶级以来，腐败就随之产生了。统治意味着权力，而腐败则是权力的寄生物。然而，没有一个腐败者承认自己腐败，相反，他们往往会装出一副非常廉洁的样子来。一装便假，让人不信，乃至于鄙视。一些所谓的廉洁典型，一看便是虚伪的，因为他的"廉"，已经违反常情、常理。所以庄子说："廉清而不信"，过分的谦让，就成为貌似清廉，就不真实，不足为信。

大勇的人，不会有嫉恨，不会有害人之心。勇而害人，必有一败，故曰："勇忮而不成"。大勇者，必为大智者，大智大勇者，必为宽厚谦让者。否则，逞匹夫之勇而寻衅，逞一时之强而欺人，则必有一败，何勇之有？

总而言之，要胸怀万物，方能与道合一。既要有"天府"，更要善"葆光"。

---

* 嗛，通谦。

7 觉而知梦

方其梦也，不知其梦也。梦之中又占其梦焉，觉而后知其梦也。且有大觉而后知此其大梦也，而愚者自以为觉，窃窃然知之。

——《庄子·齐物论第二》

读《三国演义》，诸葛亮高卧草堂时的一首"大梦谁先觉，平生我自知。草堂春睡足，窗外日迟迟"让人倍受感动，觉得诸葛亮果真是一位高人、通人、达人。然而，令人遗憾的是，就在他伸个懒腰，吟罢此诗之后，他就随刘备出山，做大梦去了。自此，一直生活在梦中，直到五丈原"鞠躬尽瘁，死而后已"，仍依然身在梦中，没有醒来。

可见，人生做梦易，觉醒难，要自知，更难。

庄子比诸葛亮要高明一些。他做梦，梦见自己变成了蝴蝶，觉得自己真是一只无忧无虑的蝴蝶。醒来后发觉自己好像是庄周，于是有些糊涂，弄不清楚自己到底是蝴蝶还是庄周。终于悟透，大道物化，原本如此，时而蝴蝶，时而庄周。诸葛亮原本在草堂高卧时分明是睡着的，偏偏自以为已经醒来，已经先觉，于是堕入到万劫不复的大梦之中而难以自拔。

这一点庄子是非常清楚的，他认为"方其梦也，不知其梦也。梦之中又占其梦焉，觉而后知其梦也。且有大觉而后知此其大梦也，而愚者自以为觉，窃窃然知之。"常言道"人生如梦"，生活常常像是梦，梦中又有梦，弄不清是梦是醒。只有大觉的人，他才会意识到自己原来是在梦中，乃至人生本来就在梦中，或者梦觉难分。诸葛亮何等聪明之人，却因为自以为大觉而大梦一生。他一个人做梦，又将许多豪俊之士一并拖入梦中，岂不悲哉。

一部《三国演义》，诸葛亮的"大梦谁先觉"，令我常常叹息不已。我禁不住想：卧龙岗本是高卧做梦的好地方，梦便梦吧，觉来作甚？

"人生如梦，一樽还酹江月。"这是苏东坡在被贬黄州后的感慨，此时，他应该已经处于“梦觉”状态。只是，身不由己，依然身在“梦中”。是否在梦中，局外人比局内人往往看得更清楚，相传苏东坡贬官昌化，遇到一老妇人，那老妇人感慨地对苏东坡说："内翰昔日富贵，一场春梦！”从此大家便叫她为“春梦婆”。苏东坡诗云:“投梭每困东邻女，换扇惟逢春梦婆。”“春梦婆”由此成为感叹变幻无定的富贵荣华的典实。

当今社会腐败现象已经成为毒瘤，反腐力度也不断加强，一些高官纷纷落马，黄粱一枕，不知他们锒铛入狱后作何感想?

那么，我们自己呢? 是否生活在梦中?

8 振于无竟

忘年忘义，振于无竟，故寓诸无竟。

——《庄子·齐物论第二》

庄子追求一种自由自在的境界，一种“游乎尘垢之外”的境界，一种“振于无竟”的境界。

怎样才能做到“游乎尘垢之外”，也即超越尘世呢？庄子认为要做到“不从事于务，不就利，不违害，不喜求，不缘道，无谓有谓，有谓无谓”。翻成大白话就是：不去从事具体的世务，不去追求名利，不去避开有害的事情，不热衷于追求，不废弃道，没有说也是说了，说了也等于没有说。在这里，实际上庄子让人们放弃除了“道”之外的一切徒劳的追求。“道”的本原，是“无”。世间万物都是由“无”派生出来的，都无法与“无”相比。

如果人们能够站到“无”的高度去审视万物，就会发现：一切都是那么渺小。人们争得你死我活的那些东西，实际上并无本质的区别。就拿一个人来说，一个帝王将相与黎民百姓难道有什么区别吗？一个勉强度温饱的人和百万富翁有什么区别吗？要说区别，只是人们的一种虚幻的感觉而已。关键在于看问题的起点和角度。比如在一万米高空的飞机上看地面，高楼大厦与竹楼茅屋并无什么区别。那么，起点再高一点呢？区别就更不易分辨了。不管什么人，眼睛一闭，都无一例外地要回归于“无”。如果站到“道”的高度，也就是“无”的高度，一切复归于一，世界浑为一体，真所谓“无谓有谓，有谓无谓”了。一个超级富翁，特别是英年早逝的富翁，在他临终前的一刻，如果让他放弃所有财产来换取健康、换取寿命，他肯定是愿意的，哪怕让他过平民百姓生活也一百个愿意，这当然是不可能的，但这个时候他肯定已经领悟，所谓财富，生不带来，死不带去，实际上并不真正属于他，不管财富多么庞大，只不过是暂时附着于他的人生而已，就生命的本质而言，他与任何人一样，并无二致。

所以，做人要想得开，要超脱，要“游乎尘垢之外”。

“振于无竟”，振，畅；竟，通境，也即可以无止境、无界限地畅游，说的也是同样的意思。要无止境、无界限地畅游，就必须无所挂碍，把一切世俗的杂念都抛开，全身心地顺应自然，乃至于“忘年忘义”。岁月可以不计，仁义可以不讲，其他还有什么不能忘记的呢？需要说明的是，这里所说的“忘义”，并非唆使人“不仁不义”，而是指不要被包括“仁义”在内的外在条条框框所束缚。难道你没有发现，古往今来打着“仁义”旗号戕害人性的事例还少吗？要不然鲁迅为何说一部中国史看来看去只有“吃人”两个字？而且不少“吃人”恰恰是在“仁义”的名义下实施的。所以说，“忘义”二字，意味深长。

这应该就是人生的最高境界：通境，通人之境。

为人、为学、为艺，应该努力追求“通境”。

9 缘督为经

缘督以为经，
可以保身，
可以全生，
可以养亲，
可以尽年。

——《庄子·养生主第三》

人生在世，最重要的是要懂得养生之道，掌握养生处世的基本原则。

庄子在讲述养生的道理时，开宗明义，提出了缘督为经的观点。

督，督脉，沿着背脊贯通人体上下的主要经脉，为人体阳脉之总纲。沿着督脉，全身经脉都可以得以贯通，即指要顺乎自然之道。

庄子对“道”悟得太深、太透，知道人面对“道”，确乎是显得无能为力的。于是，他发出了“吾生也有涯，而知也无涯。以有涯随无涯，殆矣！已而为知者，殆而已矣！”这段话，小孩子是不宜看的，否则，正好可以为不读书找到理论根据。过了五十读此，则大有同感。生命是那么短暂，知识是那么浩瀚，人们喜欢作遨游知识海洋的豪言壮语，其实，一个人面对大海，你能“遨游”什么？最多在海边扑腾几下罢了。所谓学识渊博者，也不过是多喝了几口水而已。

懂得了这一点，就不至于自以为是，不至于狂妄自大，不至于知道了一点鸡毛蒜皮就觉得拥有了世界。当然，关键在于，懂得了这一点，就可以少做劳而无功、徒劳无益的蠢事。

有一段时间人们相信“人定胜天”，动不动就毁林造田、填海造田，改造大自然，做了许多违反自然规律的事情，最后既伤害了自身，也破坏了大自然。不知庄子看到那一桩桩蠢事，会作何感慨？

随着科技的发达，人们常常会产生一种错觉，以为人类已经具备了主宰世界、主宰大自然的能力。事实上，人们对未知世界的了解，远远大于对已知世界的了解，而且，对已知世界的了解，很可能是错误的，即使是公认的“科学”，也未必真正符合自然规律，也即符合“道”。

那么，究竟该如何面对这个复杂的世界呢？庄子的看法是：“为善无近名，为恶无近刑，缘督以为经，可以保身，可以全生，可以养亲，可以尽年。”做所谓的好事并非为了追求名利，做所谓的坏事不是为了去触犯刑律，一切以随顺自然之道作为自己的生活准则。

只有做到这样，就可以保护自己的身体，保全自己的生理，保养自己的精神，从而达到颐养天年的目的。

10 道进乎技

庖丁释刀对曰：「臣之所好者道也，进乎技矣。」

——《庄子·养生主第三》

庖丁解牛的故事，可谓尽人皆知。中学课本中一直收有庄子的这篇文章，我当年曾经当过几年中学语文教师，每次讲解这篇文章，讲到庖丁解牛完毕之后“提刀而立，为之四顾，为之踌躇满志，善刀而藏之”时，仿佛庖丁正活生生地站立在面前，情绪禁不住亢奋起来，讲解便变得眉飞色舞，变得手舞足蹈，深深地被庖丁道进乎技的境界所感动。

几十年后重读这篇文章，始觉当年的讲解，其实仅仅只是从语文的角度出发的，并没有深刻地理解庄子在庖丁解牛中所要体现的思想内涵。庖丁对“道”的追求，超过了对宰牛技巧的兴趣，他在宰牛的每一道环节，都体现了对道的追求，依乎天理，遵循规律，做到游刃有余。实际上也只有这样，技巧才能到达炉火纯青的化境。

屠夫尚且知道“道”的重要，屠牛尚且可以达到“道”的境界，其他还有什么事情不可以“道进乎技”的呢？

比如能够将油从铜钱眼里穿过的卖油郎、能够百步穿杨的射箭手，都体现了“道进乎技”。需要说明的是，成语“技进乎道”，语出魏源“技可进乎道，艺可通乎神”，意思是同样的，也强调对“道”的追求应该超过对“技”的追求。

比如书法，单靠技法肯定难以有大的造就，必须让书法“道进乎技”，才能具有惊天地、泣鬼神的神韵。确实，书法也好，国画也好，京剧也好，无不带有“技”的成分，不达到相当的技巧，就谈不上艺术，但是，光有技巧还不够，还必须达到“道”的层面，进入化境。

当然，庄子借庖丁解牛所要说明的，是养生的道理。只有依乎天理，顺乎自然，才能领悟到养生之道。

11 安时处顺

安时而处顺，
哀乐不能入也。
——《庄子·养生主第三》

关于安时处顺，从庄子对待死亡的态度上，我们可以有很透彻的了解。

他讲述了秦失吊老聃的故事。老子死了，老子的朋友秦失去吊唁，他只在灵堂号哭了三声，就出来了。他的弟子奇怪地问：你难道不是老子的朋友吗？你怎么可以这样吊唁？

秦失回答说：我开始时把他当一般人看待，后来一想，老子是安时处顺的人，不能如同一般人那样对待他。他来到世上，是偶然的，离世而去，是自然发展的必然结果，是顺应事物的客观规律而已。你看那些看起来哭得很悲伤的人，有不少其实并非出于真情，并不真想吊唁，并不真的悲伤，只是为了某种形式罢了。这种勉强的做法，其实是不合常理的，是违背天性的。

由此我想到了农村中常见的哭丧场景，有的哭丧者，看似哭得死去活来，特别是在举行吊唁仪式的时候，哭得更是昏天黑地，其实往往只是一种形式和惯例罢了，是做给人看的。更有甚者，哭得抑扬顿挫，如同唱山歌一般，配之以手舞足蹈的肢体语言，堪称哭丧的民间艺术，哭罢而谈笑自若者亦不乏其人。如此则远不如号哭三声就出来更真实一些。那些在电视上播放的重要人物去世的追悼会也是如此，有多少出席者是真心哀痛的？有不少只不过是给外人装个样子罢了。

至于庄子自己的妻子死去时箕踞鼓盆而歌，则更能说明问题。惠子见了，说："你和妻子生活了这么些年，为你养儿育女，她死了你不哭也罢了，竟然鼓盆而歌，岂不太过分了吗？"庄子回答说："我妻子刚死的时候，我当然也是有感慨的。但后来想到，原本世界上并没有她这个人，连形骸、气都没有，后来变而为气，为形骸，为她这个人。

现在只不过是变而为死罢了。她的从无到有，从生到死，只不过如同四季交替一样，是一种自然现象。既然生死是一种自然现象，我痛哭流涕，那是不懂天命。所以就不哭了。”

通过这两则事例，庄子要说明一个问题：生死是自然变化，无须为之悲伤。

曾经看到过一个国外的真人真事，一对恩爱夫妻，妻子去世了，丈夫没有安葬妻子，而是一直将她安置在床上，后来成为木乃伊，依然长相守。那男的看似情深，其实是不合自然之道，应该让他好好学学庄子。再说一个中国的故事，同样是一对恩爱夫妻，妻子患了绝症，丈夫无微不至地服侍了好几年，被人们颂扬为有情有义的模范丈夫，后来妻子去世了，他重新娶了老婆，依然生活得恩恩爱爱，人们便谴责他忘记了前妻，认为他以前的作为都是假的。其实，他并无什么不对，他做到了安时处顺，至少比那个外国老头要懂得顺应自然。

中国人喜欢将死比喻成“归”，是有道理的。人生本来只是匆匆过客，只是偶然到这个世界上来走一遭，他迟早要回到大自然的怀抱中去，那里才是他的永久安居之所。也只有那样，才能够与天合一。懂得了这一点，就懂得了安时处顺的道理。

12 因顺为怀

德荡乎名，知出乎争。名也者，相轧也；知也者，争之器也。

——《庄子·人间世第四》

人间世充满争斗，充满凶险，我们应该如何应对？庄子的办法，就是一个字："顺"。一切顺乎自然，顺乎天理，不管遭遇什么，只要发生了，遭遇了，就不必计较，坦然面对。只有这样，才能达到天人合一的境界。

比如，人体畸形、肢体残缺无疑是一件很痛苦的事情，但庄子不这样认为，他笔下的支离疏者靠畸形免除征役，得到救济，从而"足以养身，终其天年"。他比身体健全而饱受征役之苦的人要幸运得多。

为了进一步说明问题，他又用大树来做比喻。一个名叫石的木匠带着徒弟到齐国曲辕，看到一株被拜为土地神的栎树，硕大无比，它的树荫下足以遮蔽数千头牛，它的高度比山顶还高出十仞。面对如此罕见的大树，石木匠连看也不看一眼就自顾自走了。他的徒弟奇怪了，问其故。他回答说："已矣，勿言之矣！散木也。以为舟则沉，以为棺椁则速腐，以为器则速毁，以为门户则液樠，以为柱则蠹，是不材之材也。无所可用，故能若是之寿。"南伯子綦在商丘看到一株大树也同样，大可"结驷千乘"，却枝干拳曲，一无可用，连树叶也有毒，嚼则口烂，嗅则昏睡。南伯子綦因而叹曰："此果不材之木也，以至于此其大也。"相反，宋国有一个名叫荆氏的地方，非常适宜于种植楸树、柏树、桑树，稍稍长大可派用场，便被砍伐。庄子因此叹曰："故未终其天年而中道之夭于斧斤，此材之患也。"

庄子借树喻人，都是为了说明有用有为必有害，无用无为才是福。

既然如此，遇到不如意的境遇也没有什么必要抱怨，说不定这不如意的境遇，比所谓如意的境遇要好得多。有的人非常讲究"追求"，其实，刻意地追求某一样东西，结果往往是失去的比得到的还要多，所谓得不偿失。有人追求美女，待追求到手，烦恼反比喜悦多；有人追求财富，待腰缠万贯后，才知财富与幸福并不成正比；有人追求高位，青云直上后，若不能把持，难免身败名裂之虞。佛家认为"好事不如无"也是这样的道理，世上绝对的"好事"是没有的，"好"和"坏"是对立的统一，往往结伴而行，乃至随着外部条件的变化而发生转化。单纯追求"好事"，往往并非"好事"。

当然，我觉得庄子的原意也并不是说残疾人就比健康人好，逆境就比顺境好，没有钱、没有地位就比有钱有地位好，而是说如果遭遇残疾，如果遇到逆境，如果无钱无地位，也没有关系，未必就是坏事，很可能就像支离疏者，像"散木"一样，不但不是害，反而是福。即使碰到最坏的事情也可能是福，还有什么放不开的呢？所以，不如"因顺"，一切听从事物的自然发展。

13 唯道集虚

气也者，虚而待物者也。唯道集虚。虚者，心斋也。

——《庄子·人间世第四》

这句话出自庄子《人间世》，主要谈处世哲学。特别是从官场政事着眼，阐明如何做到"缘督以为经"，做到明哲保身。

他通过颜回与孔子的对话来说明他的道理。颜回对老师孔子说，他听说卫君"其年壮，其行独。轻用其国而不见其过"。也就是说卫国国君正值血气方刚之年，独断专行，治理国家比较轻率而不知道自己的过失。因而颜回想到卫国去，做王者之师，教育教育卫君。孔子就告诫颜回，你如果这样去做，不但教育不了卫君，可能连自己的性命也要搭上。因为颜回"德厚信矼，未达人气；名闻不争，未达人心。"虽然自己道德纯厚，行为诚实，但只是一个默默无闻的无名之辈，连人情世故都不懂，就这样老三老四、不知天高地厚地去给一个国君说教，肯定令人反感，因为尽管你自己具有美德善行，但是，这样恰恰会反衬出别人的不美不善，结果可能会导致一场灾难。孔子进一步强调：更何况卫国自有贤才在，你何必多此一举，多管闲事？

颜回问：那么，我正直谦虚，积极坚定地去做卫君的工作行不行呢？孔子的回答是否定的，认为卫君原本就锋芒毕露，喜怒无常，肯定将"执而不化"；颜回又问：那么我内心直率而无偏见，外表委曲求全，话语得体而且引用古人的话作为依据，这样行不行呢？孔子依然持否定意见，认为颜回自以为是。

颜回没有办法了，问孔子：那么请问老师的意见应该怎么做呢？

孔子回答了一个字："斋。"

颜回家里非常贫困，以一箪食，一瓢饮，居陋巷，而不改其乐著称，所以他回答孔子说：我已经好几个月不吃荤了，一直守着斋戒。

孔子说：那是祭祀之斋，我说的是心斋。

颜回问什么是心斋？孔子回答说：你要心志纯一，集中意念，排除杂念。常人用耳朵听，你用心听，甚至用气听，也就是说对外界要听而不闻，心守虚寂，做到虚而待物。"唯道集虚。虚者，心斋也。"只有道才能集结在虚空之中，因为道本身是虚的，有物进入就不成为虚空了。这个虚就是心斋，虚才可以得道。

庄子借用颜回与孔子的对话，目的是要说明"唯道集虚"的道理。回到颜回想去游说卫君这件事上，颜回用"心斋"之法来处理就应该是：随机应变，他听得进就说，听不进就不说，明知说也没有用就不要去。随遇而安，努力求得内心的虚寂静止。"心斋"对禅宗产生了极其重大的影响，可以说是中国禅宗的滥觞。

以此来待人处世，则可以举一反三矣。

14 万物皆一

仲尼曰：

「自其异者视之，肝胆楚越也；自其同者视之，万物皆一也。」

——《庄子·德充符第五》

“自其异者视之，肝胆楚越也；自其同者视之，万物皆一也。”这句话，是庄子托仲尼之口说出来的，实际上是庄子的话。在庄子看来，天下万事万物都是齐一的，都归于永恒不变的大道。

庄子在《德充符》中，用五个寓言，通过五个肢体残缺而道德完美的形象，来说明道德完美不靠人为的培养，而在乎保持人的自然之性。

第一个肢残者是被处刖刑断足的王骀。他尽管残废，却在鲁国享有很高的威望，跟他游学的门生很多，可与孔子分庭抗礼。他在任何时候都不指导学生，却能够让学生“虚而往，实而归”，肚里空空而来，满载而归。连孔子都对他由衷佩服，愿意拜他为师。

孔子认为，王骀只是具有自我修养罢了，并非有意教化人。人们之所以追随王骀，是王骀固有的本性决定的。正如同“人莫鉴于流水而鉴于止水”，没有人会去照流水，只会拿静止的水面作镜去照一样。王骀自身心性纯正，从而吸引众人并使众人心性纯正。

王骀之所以是道德完备的典型，并非常人所理解的道德，他并不笃学善教，更不平政爱民，他只是领悟了大道，领悟万物都是相同的，所谓遵循大道，就要因循万物的变化，让心神在和顺的道德境界中自由自在地遨游。

正因为万物是统一的，或者说，万物都归于“一”，所以相互之间并不存在什么不同，比如双腿残缺和肢体健全并没有什么不同。做一个不甚恰当的比喻，如果道是万物之母，万物是道的子女，子女们虽然有美丑之分，有智愚之别，有成败之论，但不管他们有何种不同，有一点是永远同一的，这就是他们都是道的子女。

正因为万物都是一样的，“九九归一”，人只须顺从万物的变化就行了，用不着主动去改变什么。任何改变都是徒劳的，看似改变了，实质上并无根本的不同。

15 鉴明不止

鉴明则尘垢不止，止则不明也。

——《庄子·德充符第五》

“鉴明不止”语出庄子《德充符》，意思是镜子光亮，灰尘就不会沾染。鉴，镜子。以物喻人，说的是人的内心如果宁静，就会明亮，就不会被杂念蒙蔽；内心如果不宁静，被杂念蒙蔽，就不会明亮。

申徒嘉和王骀一样，也是被处刖刑断足的残者，他和郑子产一起拜伯昏无人为师。郑子产是郑国大夫，担任宰相，他感到和申徒嘉一起出入有失身份，便对他说：“如果我先出，则你等一下；如果你先出，则我等一下。”一次上课，两人又合堂同席而坐。郑子产又老调重弹，说：“我先出去的话你等一下，你先出去的话我等一下。现在我想走了，你能等一下吗？况且我是宰相，你见到我也不回避，难道你能和宰相平起平坐吗？”申徒嘉叹道：“没有想到我的老师竟有你这样的学生，当了宰相就看不起别人。”接着，他向郑宰相教训了一番“鉴明不止”的道理：“鉴明则尘垢不止，止则不明也。久与贤人处则无过。”长久和贤人相处，人就不会有过错。但你向先生学习了这么长时间，还说出这样的话来，不是太过分了吗？我向先生学习前，也很在意自己的残疾，听到四肢健全的人取笑残缺的人，就很愤怒，而向先生学习之后，就变得心平气和，安之若命，甚至忘记了自己是肢体残缺的人。现在我和你共同跟先生追求内心的完善，而你居然只在意外貌是否完整，不是太过分了吗？郑子产听了，感到非常惭愧而不安，说：“你就不要说了。”

这当然是庄子杜撰的寓言，伯昏无人并无其人，申徒嘉和郑子产虽有其人，但并无其事，庄子杜撰这个故事的目的，在于拿名声很大的郑子产来反衬申徒嘉道德的完美，从而突出安之若命的人生境界的重要。

16 与物为春

使日夜无郤，而与物为春，是接而生时于心者也。

——《庄子·德充符第五》

庄子提倡的道德标准是混同自然、齐一生死、漠然无为。“与物为春”，正是庄子这一理论的体现。

世人往往认为“有诸内必形诸外”，因而很重视人的外貌。庄子仍然通过肢体残缺而道德完美的典型来说明问题。鲁国被处刖刑砍去了脚趾的叔山无趾，用脚跟走路去见孔子。孔子一见面就教训他：“你不小心被处刑罚而落得了如此下场，现在哪里还有什么办法可以挽救。”叔山无趾则回答说：“我确实因为不懂世故而丢掉了脚趾，但我的心中，还有比脚趾更尊贵的东西在，那就是道德，这才是我必须竭力保全的。”后来叔山无趾对老聃说，原来以为孔子是至人，哪里知道他的见识却远远没有达到。他只不过是竭力追求奇异的名声以闻名于天下，却不知道这种做法对至人而言是一种桎梏。老聃说，你为什么不用死生是相通的、可与不可是相通的这一道理去解开他的桎梏呢？叔山无趾说，孔子违反天性必将受到惩罚，哪里还可救药。

接着庄子又举了哀骀它的例子。鲁哀公对孔子说：卫国的哀骀它奇丑无比，然而，男人和他相处，因思慕钦佩而不愿离开；女子见到他，竟宁可做他的妾而不愿做别人的夫人，反复请求而不罢休。可是他并没有倡导立说，知识也相当局限。鲁国没有宰相，我把国家委托给他，他也不在乎，漠不关心而像拒绝一样，简直让我感到没有人和我共同以国家为欢乐了，他是何等样人啊！

孔子说：“今哀骀它未言而信，无功而亲，使人授己国，惟恐其不受也，是必才全而德不形者也。”孔子承认，哀骀它之所以有如此魅力，在于他是才性完美，道德不体现在外貌上。

鲁哀公问:“何谓才全?”

孔子回答道:死生、存亡、穷达、贫富、贤与不肖、毁誉、饥渴、寒暑,这些事物的变化,都是天命的运行,实在不可知,只能任之由之,不值得以此扰乱心性的和顺。因而,“使日夜无隙,而与物为春,是接而生时于心者也。是之谓才全。”也就是说,所谓才全,是:日夜相连,从不间断,人应该随物更生,变得像春天一样有生气,与外界接触而从心里反映四时的变化,随物而变。

由此看来,道德的最高境界是适应自然,与物和顺。其实质,依然是“无为”。

有道德的人,是“才全而不外形”,世上凡俗之人,却往往“有诸内必形于外”,很重视人的外貌。哀骀它之所以比孔子高明,也在于他的和顺无为,在于他的外貌虽亏而内心完美。而孔子则一见到哀骀它就只注意他的残缺的肢体,而忽略了他的内心,相比之下,孔子就黯然失色了。

不管庄子的观点是否消极,但我还是非常喜欢“与物为春”的。与物为春,意味着把自己看成是大自然的一分子,实际上,确实是大自然的一分子。但是许多人常常自觉不自觉地把自己凌驾于大自然之上,相信“人定胜天”,于是平添许多优越感,做出许多傻事来。如果把自己看成大自然的一分子,如同普通小草或者树木一样,随着四时的变化而变化,合乎自然地生长,如此则不管遇到什么事情都可以心平气和,平静地面对。领悟了这一点,内心就会平和得多。

17 德长形忘

德有所长而形有所忘，人不忘其所忘而忘其所不忘，此谓诚忘。

——《庄子·德充符第五》

庄子曰："德有所长而形有所忘。"道德高尚了，就会忘记形体上的缺陷。

他举了两个肢体不全脖子需要用肩膀托住的残疾人去游说卫灵公和齐桓公的例子来说明问题。卫灵公和齐桓公听了他们的游说，都很高兴，而没有在意他们形体上的缺陷。

自古以来，世人往往重形而不重德。在当时的社会，更有一种"有诸内必形诸外"的观点，比如孔子"生而长大，美好无双"，被认为是天下的"上德"。现代社会更是如此，据报载，不但一些残疾青年即使考出高分上大学遭遇困难，居然还有过长得不好看而被拒之门外的例子。一些女大学生毕业后为了方便找工作，不惜去整容，乃至拍露点的"艺术照"附在求职表上。一些女人为了外形的"美丽"，千方百计增高、隆胸、瘦身，对身体造成严重损害者不乏其人，可见对形的追求，已经到了导致心态畸形的地步。

形是外在的，容易看到；德是内在的，不容易看到。形，首先是外貌，同时也可引申众多外在的条件因素。比如家庭社会地位、经济条件，乃至一个人所在的地域环境等等，都可以成为衡量一个人价值的砝码。在众多"外形"条件的压迫下，内在的"德"往往陷于孤立无助的境地。这一现象，曾令许多出身贫寒的英雄豪杰仰天长叹。

问题在于，外形是看得见的，内在的德是看不见的；人们对外在的赏心悦目是喜欢不已的，对内在的东西则多少感到虚无缥缈。所以，连孔夫子都忍不住感叹："吾未见好德如好色者。"色是外在的，好色是人之天性，尤其是男人的本能。好色是感性的产物，而好德则需要理性，需要后天慢慢培养教育。所以说，好色甚于好德的现象实在不足为怪。

还有一个恐怕连孔老夫子都没有意识到的深层次的原因，历朝历代有许多满口仁义道德、满肚子男盗女娼的伪君子败坏了“德”的声誉。那些嘴巴上不离道德的达官贵人，内心和行动却连普通人都不如。相反，古今不少文人高士，因为不得志，在行为上看似放浪形骸，玩世不恭，内心却高洁如空谷幽兰，纯净如雪霁初月。

所以说，在德与形的问题上，要十分注意德的真伪问题，注意口头和行动是否一致。

庄子叹道：“人不忘其所忘而忘其所不忘，此谓诚忘。”他认为，形体上的残缺是应该忘记的，道德上的残缺却不应该忘记。人们恰恰相反，往往对应该忘记的形体上的残缺记得很牢，对不应该忘记的道德上的残缺却置诸脑后，这是真正的忘记！还是尽量做到德长形忘吧，人生一世，要追求的东西很多，诱惑人的东西也很多，当有所取舍，抓住本质。无论从哪个角度讲，德都应该在形之上。

18 独成其天

眇乎小哉，
所以属于人也；
謷乎大哉，
独成其天。

——《庄子·德充符第五》

庄子提倡的道德标准是：混同自然，齐一生死，淡泊无为。最高境界是“天”，也即顺应自然。

他认为：“知为孽，约为胶，德为接，工为商。”知，智谋。所谓智慧其实是孽根，人一用智谋，便尔虞我诈，钩心斗角。而且，诚如一句犹太谚语所云：“人类一思考，上帝就发笑。”米兰·昆德拉在1985年获得耶路撒冷文学奖时引用过这句谚语，并且作了阐述：为什么人们一思索，上帝就发笑呢？因为人们愈思索，真理离他愈远。人们愈思索，人与人之间的思想距离就愈远。因为人从来就跟他想象中的自己不一样。米兰·昆德拉要表达的当然与庄子的意思不完全一样，但我们在思考这一问题时却可以产生融会贯通的联想。还是不要那么多自以为得计的心计吧，也就不需要智谋。约，结合。结合是因为有胶粘。但是，庄子认为圣人与物是不能分离的，既然不分离，也就无所谓“胶”。德，得。无所求，无所取，也就无所得。工巧是为了做生意，但是，对不做买卖的人而言，“商”也就不起作用。

庄子由此得出结论：“圣人不谋，恶用知？不斲，恶用胶？无丧，恶用德？不货，恶用商？四者，天鬻也。天鬻者，天食也。既受食于天，又恶用人！”所谓天鬻、天食，都是禀受于自然的意思。一切顺乎自然，不要人为，不要有主观能动性。

为了顺乎自然，要消除一切人为的因素。“有人之形，无人之情。”“所谓无情者，言人之不以好恶内伤其身，常因自然而不益生也。”连人主观上的性情也要忘掉。不要去计较所谓是非好恶，因为一旦去计较，就会影响心情，伤害身体，因而要顺应自然，无须去人为地培养性情（不益生）。

或许有人会觉得庄子的思想过于消极，因为人类往往过于看重自身改造自然、改变世界的能力。人类文明发展到今天，真是不断改造自然的结果。人们因此坚信“人定胜天”，坚信人是万物的主宰，坚信世界上的事情没有办不到，只有想不到。殊不知人类为此付出了巨大的代价，许多所谓改造自然的成就，结果往往是得不偿失。有的眼前看似取得了一定的效益，随着时间的推移，后果逐渐显现，有的甚至成为难以弥补的苦果，甚至恶果。大自然不动声色地给不知天高地厚的人类以教训。

就拿我的家乡为例，我出生的时候，还是山清水秀，一派自然风光。屋后山上古木参天，到处都是可以做栋梁房柱、船板的大树。山上各种动物走兽应有尽有，如同天然动物园，人与自然和谐相处。后来，大炼钢铁，把成片成片的森林都砍下来做小高炉的燃料了；以后又开荒种粮，一把大火烧荒，火烧群山数十里，烧得群山寸木不留；再后来，农业学大寨，开山造梯田，劳民伤财造成的梯田却因缺水而种不了水稻，或者因为山区日照不足而产量很低。现在回过头来看一看，所做的都是蠢事，不知要过多少年才能补救。

人们在热衷于改造客观世界的同时，也不忘热衷于改造主观世界，各种各样的思想政治运动，目的是“益生”，实则是伤身，而且造成人与人之间的敌对和争斗，造成的苦难，绝不亚于对大自然的破坏。

由此看来，庄子的顺乎自然的思想还是高明的。人类确实是智慧而强大的，人类确实具有移山改海、翻天覆地的能力。但是，如果我们套用那句犹太谚语，就是：人类一创造，上帝就发笑。不管人类如何折腾，最后肯定逃不出大自然的手掌心。如果人类再不学会尊重自然，世界末日并非危言耸听，毁灭人类的，肯定是人类自身。

还是学会热爱自然，做到天人合一，与大自然和谐相处吧！

独成其天，成为与大自然同体的人吧！

19 自适其适

夫不自见而见彼，不自得而得彼者，是得人之得而不自得其得者也，适人之适而不自适其适者也。

——《庄子·骈拇第八》

人生在世，怎样才能活得愉快自在？怎样的境界才是逍遥快意的境界？庄子的回答是四个字：自适其适。也就是说：你自己觉得怎么合适就怎么做，你自己觉得怎么快乐就怎么快乐，你自己想到什么地方去就到什么地方去，活出真实的自我。

能够自适其适，就称得上是真人。

小的时候读旧书，看到许多道士称为真人，以为真人就是道士的别称。后来才知道，只有那些学问精深、修炼有成、德高望重的道士才可以称为真人。读了庄子，方才明白，在庄子心目中，"古之真人" 乃天道的体现者，天道为万物之宗、万世之宗，所以真人便是 "大宗师"。

不妨照录庄子的原话："何谓真人？古之真人，不逆寡，不雄成，不谟士。若然者，过而弗悔，当而不自得也。若然者，登高不栗，入水不濡，当而不自得也，入火不热，是知之能登假于道者也若此。"

他提出了真人的三个标准：不逆寡，不以失败为不顺利；不雄成，不以成功逞雄；不谟士，不对任何事情有所考虑。也就是说，成也罢，败也罢，都无动于衷，都无所谓。不但成败，对任何事情，都不费精神，不去做刻意的追求。用通常的思维方式，似乎觉得难以理解，其实庄子自有他的道理，所谓 "成功" 和 "失败" 的标准是什么？很可能我们现在通行的标准本身就是暂时的、片面的，甚至错误的，那么，"成功" 未必是值得高兴和庆贺的事情，"失败" 也自然无需挂怀。人世间的成成败败、得得失失是很难说的，在很多时候成未必喜，败未必忧；得便是失，失便是得，大可超然通透一些。至于不刻意追求，这是老庄思想的一个基本点，一切顺其自然，顺势而为。

在此基础上，他又提出了真人的四种表现："其寝不梦，其觉无忧，其食不甘，其息深深。"这四条看起来简单，其实也挺不容易的。睡觉了不做梦，我是做不到的，好梦噩梦都由不得自己。有了好梦，一如南柯、黄粱，想多留恋一会，也不可能，醒来后只能胡乱回味而已。有了噩梦，更是想摆脱也摆脱不了。其觉无梦，也就是无忧无梦到天明，这不是容易事，往往是一觉醒来，就为凡事困扰，想来想去，无法入眠。其食不甘，也就是说不求美味，也是一件比较为难的事情，美味可以不求，但是如果几天不见荤，舌头发苦发涩，奈何奈何。至于其息深深，更是谈何容易，庄子认为真人的呼吸用的是踵息法，把气一直运到脚跟涌泉穴为之止，常人则在喉头上下打转而已，像我这种一睡着就呼噜震天动地的人来说，肯定属于在喉头上下出入之类，连丹田都到不了，哪里到得了涌泉。

接着，庄子又提出了关于真人的最重要的一条标准："古之真人，不知说生，不知恶死。"也就是说，不以生为喜，不以死为悲。为了强调这一命题的重要，他反复加以阐述，如："其出不䜣，其入不距。"即生不欢欣，死不抗拒。又如："翛然而往，翛然而来而已矣；不忘其所始，不忘其所终；受而喜之，忘而复之。"在这里，来与往、始与终、受与忘，都是生与死的换一种说法，都是为了说明生命其实是一个自由自在地来去的自然而然的过程，不管活着，还是死去，都没有什么值得悲喜的。结论是："是之谓不以心捐道，不以人助天，是之谓真人。"既然生命只是一种自然现象，那么，正确的做法应该是顺乎天道，顺乎自然，不要把人的主观能动作用加在天道上，连生命的形体都应该顺乎天道的变化而变化，根本没有必要计较生死祸福。

《三国演义》云诸葛亮在五丈原病重时，曾经点燃七星灯用祈禳之法求寿，到了第六夜，就在主灯明亮，祈寿延年即将大功告成的时候，魏延急匆匆入帐报告"魏兵来了"，竟将主灯扑灭。诸葛亮弃剑长叹："死生有命，不可得而禳也。"当见状大怒的姜维要拔剑杀魏延时，诸葛亮说："此吾命当绝，非文长之过也。"如果真有此事，那么诸葛亮是一个智者，但不是达者，谋略有余而通达不足。他一辈子"鞠躬尽瘁，死而后已"，明知不可为而为之，其精神令人感动，但是用庄子的观点来看，他实在是与自然规律在叫板。他的出师未捷身先死的结局，也是早已注定了的。不过，他在生命的最后一刻，总算明白了"死生有命"的道理。尽管如果祈寿成功，他依然会明知不可为而为之。

庄子认为，类似湖狐不偕、务光、伯夷、叔齐、箕子等一批历史人物，都是"役人之役，适人之适，而不自适其适者也"。即把别人的事情当做自己的事情来做，把别人的快意当做自己的快意，而不是任性自然，以自己的快意为快意。诸葛亮也属于这一类型。

说得通俗一点，实际上这一问题的实质是：人生在世，到底是为自己活着，还是为别人活着。诸葛亮如果为自己而活着，远不如在卧龙岗做一个散淡的人更逍遥自在，他后来则是为刘皇叔而活着，为所谓复兴汉室而活着，他就无法以自己的快意而快意。

我这样说绝无菲薄诸葛亮之意，只是在阐述庄子观点时随手拈来举一个例子而已。社会的进步，是需要如同诸葛亮这样甘愿为别人而活着的人的，只是草民如我辈者，远离于主流社会之外，社会也不需要我们去自作多情，于是倒不妨“自适其适”，过得轻松快活一些。

能够真正超然物外，自适其适，该活就活着，该死就死去，那离真人的境界也就不远了。

20 木鸡德全

几矣。鸡虽有鸣者，已无变矣，望之似木鸡矣，其德全矣。异鸡无敢应者，反走矣。

——《庄子·达生第十九》

“呆若木鸡”这一成语可以说尽人皆知，耳熟能详。但是，能够运用这一成语的人，未必知道它的出处，未必知道它的本意。人们理解和使用的都是它的引申意，而引申意和本意却截然不同。

“呆若木鸡”的引申意，也即通行的用法，是愚笨的、因为害怕或惊奇而发呆，其本意则恰恰相反。这一典故出自《庄子》：齐王酷爱斗鸡，请驯鸡专家纪渻子为他训练斗鸡。过了十天，问：可以了吗？纪渻子回答说：还不行，正处于实质空虚而神态骄傲阶段。十天后又问，答道：还不行，它听到别的鸡的声音、看到别的鸡的影子还会有反应。十天后又问，答道：还不行，它的目光依然憎恶而视，它的心中依然充满怒气。再过十天，又问，纪渻子回答道：即使别的鸡在它面前啼鸣，它已经不动声色，如同木鸡了。纪渻子认为，木鸡静寂淡漠，已经没有斗性，就达到了德性完美的境界。面对这样的“木鸡”，别的鸡都害怕了，不敢和它斗了，见到它便落荒而逃了。

“木鸡”的这种境界，实际上是以静制动，以不变应万变，以无好胜之心而无所不胜，不战而屈人之兵。

当然，要成为“木鸡”，至少需要把握内在和外在两个环节，一是要“木”得有内涵，也就是说本身必须具备强大的实力，有了这样的内在，形之于外，表现超常的镇定自若，不管外界如何都不形于色，都不为所动，这样的“木”，是一种胜券在握的定力，具有强大的震慑力。

一般人都会认为，决定争斗胜负的关键因素取决于实力。这或许没有错，问题在于，构成实力的要素是多方面的，其中“软实力”犹为重要。

诸葛亮摆空城计，身边只有两千老弱病残，没有一员战将，司马懿率领十五万大军杀到，论硬实力，两者不可同日而语。然而，诸葛亮敢于城门大开，自己在城头悠闲地弹琴，吓得司马懿马上退兵。诸葛亮的软实力，显然比司马懿高出一筹。诸葛亮能够在大敌当前时静心弹琴，能够让二十名老弱残兵士在城门下扫地而毫不慌乱，能够把旗帜和士兵都隐藏起来并且不发出一点声音，可以说“木”到了极致。假如做不到这一点，他在弹琴时琴声稍有异常，扫地的兵士和隐藏的兵士稍有慌乱，他的空城计就必将败露无疑。可见“木”是一种境界，只要在内心、神态、行动上稍有“不木”，便将弄巧成拙，前功尽弃。

当然，这是一个只有诸葛亮才能够策划和实施的特例。在势均力敌的情况下，“软实力”显得更加重要。比如，鸡与鸡之间，在个体上实力应该说相差无几；人与人之间，虽然个子气力有所不同，但差距也是不大的。而且，硬实力的增加，是有一定限度的，鸡也好，人也好，固然可以通过增加食量、营养和体能锻炼来变得更加强健一些，但是，总归受到制约。软实力具有无限的空间，发挥到极致，便是“木鸡”的境界。

让我们为“呆若木鸡”正名吧！如果有可能，就努力做一只“木鸡”。在日常生活中，“呆若木鸡”往往可以收不战而屈人之兵的奇效。

21 义而不朋

古之真人，
其状义而不朋，
若不足而不承。
——《庄子·大宗师第六》

庄子认为：古之真人，其状义而不朋，若不足而不承。他还用一连串的排比句进一步描述了真人情态，比如：真人性格坚定值得称举但又并不显得有棱角；真人的胸怀虚淡宽广而又毫不浮华；真人和蔼、随和的样子让人心情舒畅、心性归服，等等。

我最有触动的是"义而不朋"。因为，读中国历史，有一些社会现象，有一些词汇印象相当深，其中就有"朋党"。按《辞海》解释，"朋党"原指一些人为自私的目的而互相勾结，朋比为奸；后来泛指士大夫结党。在中国古代官场，士大夫结党是家常便饭，"朋党之争"也在所难免。有名的有：东汉"党锢之祸"、唐代"牛李党争"、宋代"元祐党案"、明代"东林党案"。"文革"中"死党"一词得到广泛运用，一个当权者被打倒了，随之倒下的肯定还有一大批"死党"。从某种意义上，所谓"死党"，也属"朋党"之谓。

发展到后来，"朋党"实际上成为一种政治斗争的方式，一种整人的手段，要打倒谁，就给谁扣上一顶"朋党"的帽子。欧阳修于是有感而发，写了著名的《朋党论》，他认为，"朋党之说，自古有之，惟幸人君辨其君子小人而已"，提出了"君子朋"与"小人朋"、"真朋"与"伪朋"的问题。欧阳修这篇文章的价值在于，他明确指出不能把"朋党"一棍子打死，"朋"未必不好，关键在于要区分"君子"还是"小人"，"真"还是"伪"。而庄子的思考，则要远远高于这一层面，他提出了最好的选项："义而不朋。"

我感到"义而不朋"确实是一种相当高的境界。义，宜也，合也。与人合得来，但是不结成朋党。用现在的话来说，就是不搞小团体。上升到国家层面就是"不结盟"。

人是群居动物，合群是人类的天性。物以类聚，人以群分，理想相同，志趣相投，性格相合，合得来，能相处，这本身就是一种幸福。但是据此结为朋党，则大可不必。首先,“结党”意味着要成为另一派的对立面,要“树敌”。历史上的“朋党”之争,往往势不两立,争得你死我活,到头来谁都没有好处。其次,“结党”是需要以牺牲自我为代价的。一个个体要成为“朋党”的一员,必须服从“朋党”的规章制度,条条框框。个性,乃至个人利益,如果与“朋党”的要求不符,就需要作出牺牲。还有,世界上的任何事情都处于不断变化之中,个体的情况在变,“朋党”的情况也在变,这就很难保证一个人加入“朋党”之后就万事大吉,很可能因为种种原因而产生分歧,乃至分道扬镳。早知今日,何必当初?

所以,明智的做法是“义而不朋”,合得来就合,合不来拉倒,不要人为地给自己套上枷锁。

22 相忘江湖

泉涸，
鱼相与处于陆，
相呴以湿，
相濡以沫，
不如相忘于江湖。

——《庄子·大宗师第六》

庄子云："泉涸，鱼相与处于陆，相呴以湿，相濡以沫，不如相忘于江湖。"这段话凄美得让人伤感，经典得让人过目不忘。然而，庄子没有想到，"相濡以沫"作为一条约定俗成的成语流传了下来，作为一种价值取向被人们提倡和赞美，但是，庄子观点的落脚点"相忘于江湖"，则被人淡忘，或者说难以接受。

想想也是，当人处于困境的时候，特别是夫妻间遇到灾变的时候，理当有难同当，生死与共。相濡以沫，是一种大美、大爱、大境界，社会由此而变得更加充满仁爱、关怀之情。"相忘于江湖"，则未免太冷酷，太绝情，与后世提倡的价值观可以说格格不入。

庄子的"相忘于江湖"的主张，是建立在"死生，命也；其有夜旦之常，天也"的理论体系之上的。死生有命，就如同日夜由天，这是人所不能改变的。人应该听由天道支配，把生死、毁誉看破。无所谓生，也无所谓死；无所谓得，也无所谓失；既乐于生，也乐于死。如此则遇到"泉涸，鱼相与处于陆"这样的困境时，坦然面对，不作"相呴以湿，相濡以沫"式的徒劳的努力，而选择"相忘于江湖"的超脱，也就不难理解。

人是渺小的，很难主宰自己的命运。人在社会上的生存状态，有时比"泉涸之鱼"强不了多少。在最艰难的时候，当然希望能够有人伸出援助之手，有人能够"相濡以沫"，这份关切，是非常珍贵和难得的，但有时也仅仅是道义上的，很难解决多少实际问题。如果能够获得一片清波，当然比"相濡以沫"要强得多。选择"相忘于江湖"，当然是一种明智之举。只要大家活得更好，能"忘"就忘吧！有的时候，相互忘掉，比相互牵挂更艰难，也更了不起。

更何况，庄子是主张把是非好恶也忘掉的。"与其誉尧而非桀也，不如两忘而化其道。"无所谓誉，也无所谓非，最好把两者统统忘掉，同化于大道。

23 朝彻见独

已外生矣，
而后能朝彻；
朝彻而后能见独……

——《庄子·大宗师第六》

“朝彻见独”说的是一种修道的过程和状态。

南伯子葵问已经得道的女偊：你年纪也不小了，脸色却鲜艳如孺子，这是为何？女偊说：“吾闻道矣。”同时解释了修道的过程：

“参日而后能外天下”。参，三也。三天之后把天下置之度外。

“七日而后能外物”。七日后能把周围的东西置之度外。

“九日而后能外生”。生，性也。能够忘掉自己的个性。

“外生”之后能够“朝彻”，即一旦豁然贯通。

“朝彻”之后能够“见独”。所谓见独，指的是常人无法达到的别开生面的境界。

“见独”之后能“无古今”，即把古今看做没有区别。

“无古今”之后能入于“不死不生”，也就是说到了无所谓生，无所谓死的境界。

在这里，三日、七日、九日，都是概数，是泛指，表明一种递进关系，一种程度的提升，旨在阐述道家所提倡的把一切置之度外，乃至忘记生死的思想。

还有，所谓南伯子葵与女偊的对话，都是庄子假托的，实际上是庄子自己的思想表白。

我之所以对“朝彻”、“见独”格外感兴趣，是觉得人生的一切追求，包括艺术追求，都离不开这样的把一切置之度外的境界。只有“朝彻”，才能深入奥秘，才能融会贯通；只有“朝彻”，才可能“见独”；只有“见独”，才有可能进入属于自己的独特的天地，才有创造，有创新，进而获得新的自我。

这一点，一切追求与“修道”是相通的。以“修道”的精神去对待人生追求，对待文化艺术追求，迎来“朝彻见独”应该是不难的。

24 无事生定

相造乎水者，
穿池而养给；
相造乎道者，
无事而生定。

——《庄子·大宗师第六》

庄子借子贡与孔子的对话，来强调“无事生定”的道理。曰：鱼相造乎水，人相造乎道。相造乎水者，穿池而养给；相造乎道者，无事而生定。故曰：鱼相忘乎江湖，人相忘乎道术。

造，至；无事，虚静；生，通性。只要明白了这几个词的含义，这段话就很容易理解。“无事生定”，指的是虚静无为，心性恬淡，不为是非、爱憎所动。

说到“无事生定”，我不禁想起了苏东坡的养生“四味药”。一次，苏东坡的朋友张鹗向他请教养生之道，他挥笔写下了四句话：无事以当贵，早寝以当富，安步以当车，晚食以当肉。看得出，苏东坡是深得老庄之道的，所以一生恬淡超脱。“四味药”中，最重要一味乃“无事以当贵”，人能够虚静无为，比一切都珍贵。

无论对于个人，还是国家，“无事”都是一种令人向往的境界。国家无事则意味着没有战乱和灾害，是一种太平景象，人无事则安逸，没有困扰。古人说“天下本无事，庸人自扰之”，这实际上表明了对“无事”的一种向往，也表明了一种自我宽慰。当然，老子和庄子所说的“无事”，是指清静无为，顺乎自然，无为而治。老子认为“取天下常以无事，及其有事，不足以取天下”。天下如此，何况人乎？

但是，人要做到这一点非常不容易，因为人很难看破名利二字，终身忙忙碌碌，都围绕名利展开。名利充斥于心胸，就难免无事生非，把芝麻蒜皮看得比天还大，整日为一些琐碎小事你争我斗，为一些鸡零狗碎耿耿于怀，这样，就始终处于一种浮躁状态，哪里宁静得下来？一旦真正认识到“无事”的重要，往往已经晚了。谁能够早一点悟彻，早一点无事，谁就是明智者。

还是少一点事情吧！这个世界上，芸芸众生，大都忙忙碌碌，临终回头一看，又有多少事情是必须的？

25 安排去化

安排而去化，乃入于寥天一。

——《庄子·大宗师第六》

古汉语以单音节词为主，读古文，千万注意不能用现代汉语双音节词的含义去理解古文，尽管两个字一模一样。比如“安排”，现代汉语“安排”的意思，古汉语用一个“排”已经解决了。“安”者，安于也。所以说，古汉语的“安排”，是安于安排的意思。谁安排？大自然。“去化”，指的是随行变化。

庄子是在告诫人们，要安于大自然的安排而随行变化。大自然让你成为人，你就做人；大自然让你成为一棵树，你就老老实实做树。从大道的角度看，做一个人，做一只鸟，做一棵树，做一棵草，做一块石头，在本质上是一样的，没有什么根本的区别。孙悟空从石头里蹦出来，石头变成了人；涂山氏女眼巴巴盼望外出治水三过家门而不入的丈夫大禹回来最后变成望夫石，人变石头，都是符合大自然逻辑的事情。

实际上，人也很难安排自己，只能听从大自然的安排。人能选择出生吗？不能。能否出生成为一个人，何时出生，出生在什么样的家庭，都不是人自己做主的。人只能有限度地决定如何结束自己的生命，而且也不是每个想结束的人都能如愿以偿地结束的，比如百岁老人巴金，其实他卧床不起之后，几次提出想安乐死，于己于人都是一种解脱，却未能如愿。一位晚报的老总谈到他不希望他的同事去做自杀的新闻，认为对自杀者应该予以尊重。他说：人不能选择出生，但是应该有选择离去的权利，有尊严地自杀，有时也是一种美。比如王国维之死，便是一种大美。我觉得这位老总是通达的，懂得如何“安排去化”。

宗教有轮回之说，我们一直视为迷信。但科学有能量守恒定律，有物质不灭之说，想必大家都是能够接受的。人从出生到死去，只是物质转化的一个过程。谁也不知道自己从何而来，又从何而去，所谓来无所来，去无所去，飘忽如风。《金刚经》云："如来者，无所从来，亦无所去，故名如来。"领悟了这一点，也就领悟了"安排去化"的含义了。

人的生命，只是物质形态的一种存在、变化过程而已。死掉了，腐烂了，变成泥土了，可能某种能量成为树，成为草，都是可能的。古代一位酒鬼希望他死后葬到制陶人家附近，那么他变成泥土之后，就有希望做进陶器里面，成为酒具，整天就可以"喝"酒了。从理论上说，这种可能性也是存在的。当然，他还不够通达，人变成酒具，这个权力不在人，而在自然。人能够做的，只是葬于陶家附近而已。至于自己的生命形态化为泥土之后，能否成为陶，或者成为陶的一部分，那大权掌握在大自然手中。即使变成陶，陶之后变成什么，又是无法预知的。

所以，明智的办法还是"安排随化"，一切听从自然安排，听任自然的变化，"入于寥天一"，进入寥廓无涯的与天道合一的境界。

26 雕琢复朴

于事无与亲，
雕琢复朴，
块然独以其形立。

——《庄子·应帝王第七》

“人之初，性本善”。童稚之心，原本是天真纯净的。到了俗世，难免染上尘世间的各种恶习。雕琢复朴，就是要把在世俗中染上的恶习雕琢清除，恢复纯朴的天性。

庄子用一个有趣的故事来阐明这个道理：

郑国有一个名叫季咸的神巫，名气很大，能够预料人的生死，精确得可以预测到年月日。郑国人一看到他就逃，生怕他预测到自己的死期。列子非常佩服，归来对老师壶子说：“我原先以为老师您的道是最高的了，现在才知道还有比你更高的。”壶子说：“我传授给你的还只是一些表面的东西，尚未涉及实质，你以为你真的已经得道了吗？”壶子让列子把季咸带来，把自己介绍给他。

第二天，列子果然带着季咸来看壶子了。

季咸进去一看，马上出来告诉列子：“你的老师活不到十天了。”列子哭泣着把这个不幸的消息告诉老师。壶子说：“没关系，刚才我让他看的是‘地文’状态（大地阴静的气象，一种宁神运气状态）。他大概看到我的生机已经闭塞。你让他明天再来吧！”

第二天，季咸再一次来看壶子，看了后对列子说：“你老师幸亏碰到了我，他的病已经痊愈了，闭塞中已经有生机了。”列子如实向老师汇报。壶子说：“刚才我让他看的是‘天壤’（一种宁神运气状态，神气结合而有生机），所以他看到我恢复了生机。你让他明天再来吧！”

第二天，季咸再来，但是看不出什么，于是对列子说：“你老师没有斋戒，让他守斋后我再看。”列子如是对老师说，壶子笑着说：“刚才我让他看的是‘太冲’状态（阴阳调和的状态），他看到了守气不动，就无法分辨了。你让他明天再来。”

第二天，季咸来了，看到壶子，连脚跟都还没有站稳，回身就走。壶子让列子赶快去追，列子追了出去，但没有追上。列子回来之后，壶子说：“刚才我让他看的是‘未始出吾宗’，与天浑然一体，也就是‘圣人藏于天’、‘虚而集道’的境界。我随顺自然，他就无法知道我是一个什么样的人了。所以他只好逃了。”

列子于是知道老师的博大精深，知道自己连皮毛都尚未学到。于是，他回到家中，闭门不出，潜心修养。他不杂私心，天真待人，雕琢复朴，封闭自己的心窍，对尘世万事无所关心，不染尘世杂垢，块然独立如同土块木头，一直以此终生。

庄子讲述这个故事的目的，是要说明世间万物是不可测的。特别是阴阳调和、与天合一的高人，更是深不可测。也许，让自己块然独立如同土块、木头，不少人接受不了。但是，对于“雕琢复朴”，我们还是可以得到不少启发的。让自己少一点尘世的恶习，保持宁静的状态，有利于养身，从而和大自然保持和谐。所谓高人，莫不如此。

27 体尽无穷

体尽无穷，而游无朕。

——《庄子·应帝王第七》

庄子在《应帝王》篇中提出“体尽无穷”，意谓与无穷的事物完全浑然一体，意思与《逍遥游》篇中提出的“旁礴万物以为一”相同。他在回答帝王如何治理天下时，提出这样的命题，是耐人寻味的。

他在一开篇便用四个寓言否定用仁义法度来治理国家，主张淡漠无为，任其自然，人们能干什么就任随他干什么。这一观点的出发点是人生虚无，人只不过是受天道而形成形体、生命，因而只能被动地去适应自然，和自然合而为一，任何人为的努力，都是徒劳的。正因为如此，他提倡“无为名尸，无为谋府，无为事任，无为知主”，也就是说不要做名声的承当者，不要有计谋，不要做工作的担任者，不要做智慧的主宰者。做什么呢？“体尽无穷”，融入到自然当中去，如同成为一棵树，成为一株草，成为一块石头，说到底，人是渺小和脆弱的，和树、草、石头其实是一样的，硬要去比较、较真的话，人可能还不如它们呢！至少就生命本身的强度而言，人与它们比就自叹不如。人能活得过树吗？人能像草一样经受冰雪、野火的摧残而顽强生存吗？人能像石头那样永恒吗？哪怕能够与之匹敌，你能与整个大自然抗衡吗？在大自然面前，在大道面前，还是低调一点，谦逊一点吧！不要无知地以为“人定胜天”，不要动不动就想有所作为，还是明智地清净无为吧！

为了说明不值得“有为”，他又讲了一个寓言：南海之帝名儵，北海之帝名忽，中央之帝名浑沌。儵和忽一起在浑沌的领地和浑沌相遇了，浑沌待他们很客气，他们觉得应该回报浑沌。他们发现人都有七窍，偏偏浑沌没有，便为浑沌凿七窍，一日凿一窍，七天后七窍凿成，浑沌也被凿死了。你看，这便是“有为”的后果，所以不如“无为”，不如“游于无有”。

28 天下至正

故此皆多骈旁枝之道，非天下之至正也。

——《庄子·骈拇第八》

至正，最纯正的德性。那么，在庄子眼中，最纯正的德性是什么呢？一句话：不失其性命之情。

这里提到的“性命”，与现代汉语“性命”含义不同，是中国传统哲学的一对基本范畴，是儒、释、道三家都十分关注的重要问题。《性命圭旨》通过三教合通来阐释道教内丹学，主张性命双修，坚持性功、命功并重，也即精、气、神兼炼的原则。应该说，儒、释、道三家得以融合的核心就是“心性”。儒家教人顺性命以还造化，禅宗教人幻性命以超大觉，老氏教人修性命而得长生。儒家提倡存心养性，道家提倡修心炼性，释家提倡明心见性。教虽分三，其道归一。

理解了这一点，就知道为何庄子把“性命”看得如此重要。许多在各种名义下牺牲个人利益乃至牺牲生命的人物，这些都被不断提倡，引导更多的人去作出“牺牲”，庄子是不以为然的，认为并非出于自然的本性，如同“骈拇枝指”、“附赘县疣”一样是多余的。

因为，在庄子看来，同样是放羊而弄丢了羊，臧与谷，一个是看书入神，一个是留恋下棋，尽管原因不同，但结果是一样的，都是丢了羊，并无区别；同样是死，伯夷为了名而死于首阳山，盗跖为了利而死于东陵，死的目的不同，但死的本质是一样的，都是“残生伤性”；同样是牺牲，小人以身殉利、士子以身殉名、圣人以身殉天下，在“伤性”这一点上是共同的，都是为了某一种目的而牺牲，又何必去分什么君子小人？

天性是最重要的，凡符合天性者，都是“至正”，都是道德纯正的。道德纯正的人，顺其自然，即使是两指合生，也不会大惊小怪认为是“骈”；即使是枝指生出小指，也不会看做是“跂”。天生就长，不感到有余；天生就短，不感到不足。这里，他用了一个后来人们作为成语使用的很精妙的比喻：“是故凫胫虽短，续之则忧；鹤胫虽长，断之则悲”。长短都是天生的，没有必要人为地去改变它。从传媒上看到，不少女性为了所谓的“美丽”，不惜去做“隆胸”、“吸脂”、“增高”等手术，导致了一系列不良后果，有的甚至造成终身残疾，乃至丢了性命。这样做，是违反天性的。如果这些可怜的女性懂一点庄子，就不会去做这些蠢事了。上帝给了你小乳房，给了你小个子，给了你一身脂肪，就坦然接受呗，有什么大不了的？须知所谓审美标准、价值取向，都是后天人为地强加的，都是不符合“性命”的，为了迎合某种标准而牺牲自己是最傻的，更何况“标准”并非一成不变的，如果“标准”一旦约定为女人乳房小、个子矮、身材肥最美，你反而成为别人羡慕不已的大美人了呢！当然，纵然如此，大乳房的女人也犯不着去切掉一块，高个子的也犯不着截掉一段，有着魔鬼身材的苗条女性也犯不着去每天填鸭一样拼命增肥。生成什么，就安于什么，这样才符合天性。

庄子认为：“天下有常然。常然者，曲者不以钩，直者不以绳，圆者不以规，方者不以矩，附离不以胶漆，约束不以纆索。”如果需要用钩绳规矩来强制使得某件东西符合“标准”，如果需要绳约胶漆使得某件东西变得“牢固”，都是违反常性的，是伤害本性的。用所谓仁义道德来约束人的思想行为，也是违反人的常性的。

最好的人性，不是仁义，而是听由人的天性自由发展。这才是天下至正。

29 无欲朴素

同乎无知，其德不离；同乎无欲，是谓朴素。

——《庄子·马蹄第九》

当人们看到一些道德素质低下的人的不良现象、不良行为时，常常禁不住叹息：世风日下，人心不古。意谓现在的人没有古人那样淳朴厚道。如元代刘时中的《端正好·上高监司》："不是我论黄数黑，怎禁他恶紫夺朱？争奈何人心不古，出落著马牛襟裾。"

然而，要说民心淳朴，这个"古"，不能是一般意义上的"古代"，至少必须是三代以上，必须是刀耕火种的原始时期，越古越淳朴。那时，没有阶级，没有穷富，没有等级高下之分，大家无知无欲，非常朴素。

庄子的尚古倾向是显而易见的。他在《马蹄》篇中，对此作了淋漓尽致的阐述。他认为马的真性情，是自由地吃草饮水，跷足而跳。即使有辉煌的仪台、气派的厅堂，对它来说都是没有意义的。因为它有蹄可以践雪，有毛可以御寒，自身的条件足以悠闲地生活，此外的一切都属多余。可是后来来了一个叫伯乐的人，善于训练马，于是对马"烧之，剔之，刻之，雒之"，绑上带嚼子的马辔头，把它限制在马棚马槽。经过如此折腾，马被折磨死了十分之二三。再"饥之渴之，驰之骤之，整之齐之"，前有马嚼子、马缨的束缚，后有皮鞭的抽打，死掉的马超过了一半。伯乐的行为，违反了马自由生活的天性，对马是一种摧残。

陶人治黏土，匠人治木头也是如此。对黏土和木头而言，并没有符合规矩准绳的要求，这样做也并不符合它们的天性，然而，陶匠则以善于治黏土木头为能。

治理天下的人，也是如此。他们总是挖空心思出台一些治理老百姓的措施办法，自以为高明，实则上往往给老百姓带来折腾，甚至灾难。所以老子说："治大国如烹小鲜。”鲜嫩的小鱼是很嫩的，经不起用锅铲翻来覆去，放好调料后，就这么用文火慢慢蒸，千万别去翻动。

庄子说：“彼民有常性，织而衣，耕而食，是谓同德。”你让他有得吃，有得穿，就行了。在道德最高尚的时代，也即最原始的人类初始阶段，人们悠闲而质朴，人与自然高度和谐，山川没有受到任何人为损毁，万物自由生长，野兽成群，可以牵着游玩，爬到树上去看鸟巢，鸟也不会惊飞。人与大自然，与飞鸟走兽都能共处。在这种情况下，人还会有君子和小人之分吗？“同乎无知，其德不离；同乎无欲，是谓朴素”。像原始人类那样无知无欲，敦厚朴素多好，朴素才是人的本性所在！

遗憾的是，人的本性随着时间的变迁而逐步丧失了。人变得钩心斗角、穷凶极恶，为了争权夺利，为了抢夺名利地位，不惜自相残杀，有时变得连禽兽都不如。而这一切，有时正是在堂而皇之的名义之下进行的，是打着仁义道德、崇高理想的旗号进行的。人们于是丧失理智，丧失自我，卷入到狂热的浪潮之中。

这样的例子难道还少吗？

有时真想大声问天、问地：为何人类在物质文明得到极大改善之后，人性中最宝贵的成分反而在不断流失？

相比之下，人类童年的朴素、淳朴，真的非常可贵，令人神往不已。

30 绝圣弃知

故绝圣弃知，
大盗乃止；
擿玉毁珠，
小盗不起；
焚符破玺，
而民朴鄙；
掊斗折衡，
而民不争……

——《庄子·胠箧第十》

老子和庄子都主张“绝圣弃知”，让老百姓处于一种无知无识，无求无欲，清净无为的原始状态。连孔子也主张“民可使由之，不可使知之”，老百姓只能安排他们怎么去做，用不着让他们知道为何要这样做。老庄和孔子的这种思想，曾经被批判为“愚民”政策。

在庄子看来，所谓圣智，其实恰恰是产生大盗的温床。他先以“胠箧”为例，人们为了防止东西失窃，挖空心思用袋子、箱子、绳子、锁扣等来加固，世俗的智慧通常停留在好好保管上面，但这只能防君子，大盗一来，连带袋子、箱子一块儿盗走，所谓的袋子、箱子反而为大盗提供了便利。更何况真正的大盗是窃国者，所谓“窃钩者诛，窃国者为诸侯”。比如春秋时田成子杀了齐简公，夺取了政权，他恰恰是打着遵照圣人礼法制度的旗号来“篡权”的，而且连同礼法制度本身也被偷用了。中国历朝历代有多少王朝被推翻，被“篡权”？成者为王败者寇，谁成功了，谁肯定成了“正统”的“礼法制度”的“传承者”。所谓“圣智”，所谓“礼法”，只不过是为统治者服务的一种工具罢了。

遇到暴君，履行圣智之法的贤哲往往遭到屠戮，如夏商周三代的龙逄、比干、苌弘、子胥，暴君利用圣智之法加害他们，可见圣智之法也被盗用了。这时，“圣智”与袋子、箱子、绳子、锁扣一样，反而成了“大盗”手中的工具。

不但如此，跖现身说法，说明“圣智”乃成为大盗的必要条件。因为，盗亦有道，要成为大盗，必须具备五个条件：“夫妄意室中之藏，圣也；入先，勇也；出后，义也；知可否，知也；分均，仁也。”也即事先能够作出预测，行动时能够身先士卒，离去时能够断后，能够判断成功与否，成功了做到分赃合理，只有具备了这样圣、勇、义、知、仁五项品德，才能够成为大盗。

所以，庄子认为“圣人生而大盗起”，“圣人不死，大盗不止”，只有这个世界没有了圣人，才会消除大盗，天下太平。

这样的观点，或许有人不理解。因为，多年来我们所受的教育，把“圣人”、“圣智”早已是神化了的，是不容置疑的。

其实，庄子作如此断言，自有他的道理在。首先，人类的初始阶段是非常美好的，大家和睦相处，没有矛盾纷争，如同万物一样按照天然的本性生老病死。后来，有了阶级，有了贵贱贫富高下之分，人便变得尔虞我诈起来。在这个过程中，所谓“圣智”，其实起到了很不好的影响。因为提倡和追求某一种价值观，势必是以打破某种平衡为代价的，任何事物都有矛盾的两个方面，有“好”必有“坏”，有“圣人”必有“大盗”，如果每个人都是“圣人”，就没有“圣人”这一说了。所以说，没有了“圣人”，让人回归到每人都一样的状态，自然也就没有了“大盗”。其次，所谓“圣智”，往往被人利用，特别是被“大盗”所利用。一定的道德标准，固然有约定俗成的因素在，但很大程度上是掌握话语权的人所倡导的，而这些“掌握话语权的人”，往往是连同“话语权”一起偷过去的“大盗”。第三点，回头看看历史，“圣智”既然是某些人手中的工具，它难免被人所利用，其内涵是掌控在别人手中的，被人夹带私货，“圣智”本身是无能为力的。说透了，不少“圣智”，是假冒伪劣的，见不得人，还不如干脆没有为好。

比如，现在不少贪官污吏，“台上他说，台下说他”，他说的肯定是挑不出毛病的符合“圣智”标准的，但私下的行为，却是随时都可以被“双规”的。这样的“圣智”，要它何用？再比如说，有许多大道理，听起来很堂皇，谁也不敢说一个不字，但谁心里都明白，这只是说说而已，是根本不可能做到的，说的人，听的人，都不会当真，这样的“圣智”，又要它何用？

干脆，还不如“绝圣弃知”。

31 从容无为

故君子不得已而临莅天下，莫若无为。无为也，而后安其性命之情……从容无为而万物炊累焉。吾又何暇治天下哉！

——《庄子·在宥第十一》

无为而治是老庄思想的主线。庄子《在宥》篇开宗明义："闻在宥天下，不闻治天下也。"意谓只听说过任由天下自然宽松地发展，不加人为的约束、促进作用，没有听说过用仁义、刑法治理天下，让天下受治、受控的。"闻"和"未闻"，表示肯定和否定。

庄子的意思是：天下好好的在那里，按照原来的本性发展，为什么要治理呢？如果天下原本就是和谐美好的，又何必治理？如果说非要治理不可，那就请记住：不要人为地去干扰，要让人类以及世间万物都保存自己原有的本性，自然而然地存在，自然而然地变化。一旦人为地改变，只能引起混乱，效果适得其反。所以说，所谓治理天下，最好的方法是不治。不治则天下自在宽松，万物和谐；人治则人物均受其害，天下不得安宁。

他举了尧和桀的例子来加以说明：过去尧帝治理天下，使天下的人民欢天喜地，那是失去了恬淡；夏桀治理天下，使天下的人民悲痛受苦，那是失了愉快。失去恬淡，失去愉快，就不再是人们原有的本性了。这样做都破坏了自然规律。如果君子不得已而居于统治天下的地位，那就不如一切顺其自然，不要人为地去破坏大自然固有的运行规律。

问题在于，人一旦拥有至高无上的权力，能够统治芸芸众生，其统治欲往往会无限放大，喜欢做一些惊天动地的事情来证明自己的伟大。这些"有为"的举动，常常给大自然和人类带来无尽的灾难。古今中外历史上，这样的例子实在太多了。特别是独裁者、暴君，他们的"有为"，往往是建立在生灵涂炭的基础之上的。

现在某些地方领导也是这样，为了显示自己的"政绩"，为了"有为"，不惜兴师动众，干一些劳民伤财的事情，上马一些“形象工程”、“政绩工程”。换了一任官员，他需要新的“政绩”来谋求升迁，于是重新开始施展他的“有为”的种种措施。最后受折腾的往往是老百姓。

记得三十年前我当农民的时候，到处都搞“农业学大寨”，劈山开田。我们那地方也搞过这一类傻事，把原先弯曲的河道强行开直，新造了几亩梯田。好多年后，一场特大洪水，冲垮了梯田，河道重新恢复了原先弯曲的模样。这让人感到惊奇，难道河水不知道两点之间的直线距离最短的道理吗？为何非要弯弯曲曲？我于是更加体会到，大自然自有它的规律，河道自有它的路线，人为的改变，肯定是不符合自然本性的。

人们或许会说我的例子是个例，人们改造大自然，有着许许多多成功的例子，大自然只能乖乖地听命，毫无办法。表面上也许如此，但是，不是不报，时候未到，大自然一旦报复人类，人类将毫无还手之力。我们现在已经尝到破坏森林、破坏植被、破坏湿地的后果了。唉……不说也罢。

破坏大自然的后果，是大家容易看到的，一些统治者人为破坏人类的本性的后果，是难以一下子看到的。但是，问题却要严重得多。

无论老子还是庄子，都主张顺乎自然，不要去干扰老百姓平静的生活，甚至不要弘扬所谓“先进”，因为一弘扬，人们就会去追求某一种东西，就会造成对立、矛盾、冲突，人心就会不稳定。回首看看，在一场接一场的运动中，曾经涌现了一批又一批的“先进”，他们除了充当当时“运动”的“催化剂”，加剧人们的明争暗斗，互相拼杀，现在还留下什么呢？

只要人心安定，天下自然太平。

还是从容无为吧！

32 抱神以静

无视无听，抱神以静，形将自正。必静必清，无劳女形，无摇女精，乃可以长生。目无所见，耳无所闻，心无所知，女神将守形，形乃长生。

——《庄子·在宥第十一》

“抱神以静”是一种修炼方法。为了加深对这个问题的了解，我们不妨先了解一下中国特有的气功。中国气功有医家气功、儒家气功、道家气功、释家气功、武术气功五大派系，其核心点和落脚点，都是修炼心神。

如儒家气功主张人天和谐、至善节欲和诚敬谦静。《大学》云：“欲修其身者，先正其心。欲正其心者，先诚其意”。“知至而后意诚，意诚而后心正。心正而后身修。”

道家气功分为老庄养生思想和道教养生功两部分。道教尊奉老子为教主，封庄子为南华真君，把老庄和道教联系到一起。其实两者并不完全相同，老庄主张归真返璞，养生长寿，道教祈求永生不死，羽化成仙。老子主张人应当按照“道”的要求来规范自己，进行养生修炼。“道”的本性是自然而然，因而应该“道法自然”、“自然无为”、“少私寡欲”，尽量排除物欲的干扰，让心境清新明静。

庄子在气功修炼方面和老子一脉相承，又有了进一步发展。他更加重视养神，认为养神重于养形，认为：“抱神以静，形将自正”。“神将守形，形乃长生”。认为排除杂念，保持精神安静则形体自然会健康。他要求：“纯粹而不杂，静一而不变，淡而无为，动而以天行，此养神之道也。”也即要求不受物欲的干扰，宁静清明，以神守形。也就是说，养神的主要方法，关键在于人静守神，用精神统摄形体，对形体进行养护。一句话：养神之道在于“抱神以静”。

庄子把养身看得比统治天下重要得多，认为只有把自身看得比统治天下重要得多的人才可以统治天下。在他的笔下，黄帝当了十九年天子后，去请教已经得道的广成子询问道的最高境界的精华。当黄帝问到如何治天下时，广成子没有吭声；当黄帝问到如何长生时，广成子说了一段话，强调清净无为，不要把统治天下当做一回事，从而成为自身的负担，要抱神以静。

怎样才能做到抱神以静呢？要做到“无视无听”，也即不为外部世界所动。外面无论是花花世界，还是萧条肃杀；是欢声雷动，还是哀歌低回，都无动于衷，心如止水。喜怒哀乐不动于心，则心境自然宁静，心境宁静则身体自然正常健康。这样，人就能够与万物和谐地生长，就能够“人其尽死，而我独成”。“道”的最高境界，是视生死如一，精神长存，所以能够“独存”。

如果参透了“抱神以静”，不但能够很好地养身，也能够应对复杂的社会环境。不管社会如何险恶复杂，都以不变应万变，这不变，就是“抱神以静”。

33 解心释神

解心释神，莫然无魂。万物云云，各复其根，各复其根而不知。浑浑沌沌，终身不离。若彼知之，乃是离之。无问其名，无窥其情，物固自生。

——《庄子·在宥第十一》

“心”和“神”，都是道家心性论中常用的概念。道家认为，“心”有“心”与“常心”两个层面。《庄子·德充符》云：“以其知得其心，以其心得其常心。物何为最之哉？”这里的“心”，是表层的，是理性的，“成心”、“机心”都属此类，它的特征是见物起意。“常心”则是深层次的，常常出于直觉，是“心中之心”。其特征是“无思无虑，忘知忘觉”，“虚极静笃”。两者有点类似于“意识”和“下意识”的关系。

《管子·心术下》是这样阐述“心中之心”的：“心之中又有心。意以先言，意然后形，形然后思，思然后知。”《内业》云：“心以藏心，心之中又有心焉。彼心之心，意以先言。意然后形，形然后言，言然后使，使然后治。”

《庄子·天地》也从反面论证了“心中之心”：“机心存于心中，则纯白不备，纯白不备，则神生不定，神生不定者，道之所不载也。”

这里提出的“神”非常重要，“神”和“心”的关系非常明确，所谓“栖神于心”（《淮南子·泰族训》）、“神藏于心”（《悟真篇》）。“心”是“神”安居的“馆舍”。《庄子》和《管子》两著对此均有详尽论述：“夫徇耳目内通而外于心知，鬼神将来舍。”（《庄子·人间世》）“摄汝知，一汝度，神将来舍。”（《庄子·知北游》）“虚其欲，神将入舍。扫除不洁，神乃留处。……去欲则宣，宣则静矣。静则精，静则独立矣。独则明，明则神矣。神者，至贵也。故馆不辟除，则贵人不舍焉。故曰：不洁则神不处。”“洁其宫，开其门，去私勿言，神明若存。……宫者，心也。心也者，智之舍也，故曰宫。门者，谓耳目也。耳目者，所以闻见也。”（《管子·心术上》）

这里所言“舍”，就是“心中之心”，是“神明”留居的地方。

我们了解了“心”和“神”，对“解心释神”就比较好理解了。庄子就是倡导人们放弃思维，做到无所用心，无所用神。

他举了云将和鸿蒙的例子来说明这个问题。云将有一番“合六气之精以育群生”的理想，他碰到了鸿蒙，鸿蒙正在像小孩一样玩，云将向鸿蒙请教，鸿蒙只顾自己玩，说：“我不知道，我不知道。”三年后两人再次相逢，云将再次向鸿蒙请教，鸿蒙的回答是：“心养！汝徒处无为，而物自化。”他让云将最好什么事情也不要做，什么都不要放在心上，只顾加强自己的内心修养，这样才可以养育群生。也就是说，要无为而治。

人都有出人头地的欲望，一些有了一点地位的人，自以为已经出人头地了，实际上并没有出人头地。特别是对统治者来说，拥有了整个天下，这时候，应该抱什么态度呢？“有大物者，不可以物。物而不物，故能物物。明乎物物者之非物也，岂独治天下百姓而已哉！”大物者，天下也。拥有了天下，不能拘泥于天下。拥有天下而不拘泥于天下，才能够主宰天下。也就是说，要站在道的角度，超然物外，才能够统治天下。能够做到这样，才可能摆脱万物的牵累而独往独来，进入精神自由的境界。

拥有天下者尚且如此，其他人难道不是更应该放得开、看得淡吗？难道不是更应该解心释神吗？

34 原德成天

天地虽大，
其化均也；
万物虽多，
其治一也；
人卒虽众，
其主君也。
君原于德而成于天。

——《庄子·天地第十二》

"原德成天" 说的是君德，意为以德为本，达到自然的境界，阐述君主应该具备的道德修养。

这种君德就是天德，"无为为之之谓天，无为言之之谓德"。天德的核心，就是无为。

无为而治，是老庄一以贯之的思想。庄子认为上古时期的君主是善于治理天下的，他们"无欲而天下足，无为而万物化，渊静而百姓定"。是啊！没有贪欲而天下能自足，任其自然而万物能自化，如深池之水那样平静，百姓也就自然安定。这是一种多么美好的景象。

为何要提倡无为而治？这是因为：无为则无求，无求则无争，无争则天下太平，万物都感到满足。就如同自然界一样，万物接受阳光雨露，足以自由自在地生长，人为的外力，只能打破大自然的平衡，对万物造成伤害。能够让老百姓自然地生活，这其实是最大的善政。

庄子给君主们上课，不知君主们听取了没有。从后世的统治者几乎都喜欢变着法子折腾老百姓这一点来看，可以断言，没有几位君主把庄子的"无为"思想当回事。毕竟，处于至高无上位子的人，是不会轻易听别人的，他们习惯于让别人听他们发号施令，他们只相信自己。

作为芸芸众生，我倒觉得不妨想想"无为"的妙处。在"有为"成为普遍的价值观，连行将就木的人也提倡"老有所为"的时候，不妨冷静想想，老百姓的所谓"有为"，究竟能"为"点什么？

不妨试试，清净无为，顺其自然，结果又将如何？

35 修德就闲

天下有道，则与物皆昌；天下无道，则修德就闲。

——《庄子·天地第十二》

一天，朋友让我为他新筑的石亭做一副对联，他要求的内容我一下子想不出好的联句，脑子里却没来由地冒出了两句话，觉得是一副不错的对联：“好德应如好色，修性胜似修仙。”我“赋闲”之后比较悠闲，优游于老家林泉，读书写字，百事皆忘，快活如神仙，这两句话可能正是这种生活、这种心境的写照。

于是我想到，“天下无道”时固然不如修德就闲，即使“天下有道”，也不妨修德就闲，甚至更应该修德就闲。因为，天下无道时退居林下，固然不失为明哲保身的明智之举，但毕竟是被动的、无奈的。朱元璋时，当了官有风险，保不定什么时候被他杀掉，你不想当官也不大办得到，如果他让你出山而你不肯出山，说不定也会导致龙颜大怒，断送了身家性命。这时的文士们左右为难，是比较痛苦的。到了如今这样的开明时代，当官的好处多，想当的人如潮水般汹涌向前，不当的人也不愁没有饭吃，可以过得逍遥自在，在这种情况下“修德就闲”，实在是一件很幸福的事情。

享受林下之闲，是中国文人的传统。但是，闲的目的、方式、结果，却是不一样的。有的文人隐居休闲，是为了待价而沽、待时而动；有的是到红尘中走了一遭，突然看破，猛然醒悟，于是乎高唱“归去来兮”，归卧故山，自得其乐。有的虽然身处林下，依然过着“山中宰相”，或者“飞来飞去宰相家”的生活；有的则葛衣野果，生活极其简朴，与原始人无异。有的有自己的事业追求，潜心著书立说，藏之名山，传之后世；有的索性连文章大业也看破，只图修身养性，导引吐纳，寿比松鹤，自然终老。

能够静心修德是愉快的。这个“德”，绝非某些政要提倡的所谓“道德标准”，那是他们为了统治别人而精心设置的藩篱。所谓“德”，是一切顺乎自然，归乎大道。所谓

“道德标准”是因时因地因人而异的，比如某一道德标准，在某一时期是符合提倡者要求的，某一时期则被抛弃，人人都觉得背时可笑。而自然、大道则是永恒的。一个人可以谁的话都不听，但是必须听从自然。你能够与自然融合得非常和谐，你的“修德”已经达到了一定的境界。

能够安然就闲是有福的。世人皆忙我独闲，能够闲得下来，就是境界。要闲下来，只有一味灵丹妙药，那就是把名利看淡。一段时间股市牛气冲天，只要买进就能挣钱，我和一位上市公司董事长关系情同手足，早就知道他们公司效益很好，利好多多，但是我从不买股票，从不听股评，一次与人喝茶聊天，谁料那话题竟转到了股票上面，我马上抽身而退。因为我对股票实在不感兴趣。我朋友的公司，在几个月时间，股价从几元涨到将近20元，而且还有高送配，炒他们公司股票发财的人不少，而我却不为所动，一点也不眼红。因为，我觉得一进入股市，就如同进入赌场，输输赢赢，大输大赢，极易影响心态，乃至影响身体，即使赚了钱，也是得不偿失。也就是说，一进入股市，人就静不下来。而在我看来，静是最重要的。

还有重要一条，就是远离官场，因为那里是是非非太多，人来人去太热闹，静不下来。这样说，很有点吃不到葡萄嫌酸的味道。酸就酸一回吧！吃不到还眼巴巴看着别人，一副谗相，就更没有意思了。最好的办法是，扬长避短，别人忙，你就闲，闲到极致，闲出品位。

人生总是难全，要闲，就要放弃忙；放弃了忙，就要善于闲。

人生有那么一片迷人的闲境，但是，不是人人都能领略到的。“不是闲人闲不得，闲人不是等闲人。”最后你会发觉：闲到极致，必定是闲比忙好！

36 体性抱神

夫明白入素，
无为复朴，
体性抱神，
以游世俗之间者，
汝将固惊邪？

——《庄子·天地第十二》

这段话是庄子借孔子之口说出来的，表达的却是他一贯的思想。

这段话出自“子贡南游于楚”一段，子贡遇到正在灌园的汉阴长者，他凿了一条通往井里的小路，吃力地抱了一个瓮打水浇灌。子贡奇怪地问，为何不用既省力又功效高的机械桔槔？汉阴长者说：“我不是不知道桔槔，而是羞于用它。”他认为“有机械者必有机事，有机事者必有机心。”有了机心就不具备纯洁清白的品质，神情就会不安定，这是道所不容的。

孔子知道后，一针见血地说：汉阴长者是“假修浑沌氏之术”的人，他只知道一，不知道二；只知道修炼内心，而不知道世事。孔子强调：“夫明白入素，无为复朴，体性抱神，以游世俗之间者，汝将固惊邪？且浑沌氏之术，予与汝何足以识之哉！”这里，实际上是庄子借孔子之口，严厉批评汉阴长者是“假修浑沌。”

当然，庄子是崇尚混沌的，混沌就是无知。庄子心目中“其寝不梦”、“其觉无忧”、“其食不甘”、“不知悦生，不知恶死”的“真人”，就近乎“混沌”。

为何庄子要赞美混沌、倡导混沌？他认为混沌的境界是：“明白入素，无为复朴，体性抱神”。即心地明净，达到纯素的境界；清净无为，返归自然；体现真性，守藏精神。

因为“子贡南游于楚”一段话，被现代一些学者断章取义地抓住“把柄”，认为庄子鄙薄技术，不要机械。作出这样浅薄的断言，实在是不理解庄子的真谛。庄子是一位寓言大师，他善于通过信手拈来的寓言故事来说明自己的观点。该不该用机械，并不是庄子要关心的问题。汉阴老人为了“修混沌”而不用机械，认为一用机械就是“机事”，就有“机心”，这是“假修浑沌”。庄子提倡的是“真浑沌”。

事实上，科学技术发展的历史已经表明，科学技术的发展肯定会对人类文明带来不可估量的影响，但在科学技术和人类的思想观念之间，既有和谐之处，也有矛盾之处，为了追求物质的增长，有时确实会不得不付出精神的代价。但是，这不能成为人类拒绝物质文明的理由，该用的“机械”还是应该用。更何况，真正保持“浑沌”，保持精神的健全，不能从表象入手，不能搞形式主义，而必须抓住根本。

真浑沌很难。“且浑沌氏之术，予与汝何足以识之哉！”一般人是认识不了的。

浑沌原本没有七窍，别人好心给他凿出七窍，一凿成，他就死了。

此间大有深意在焉。

我们要做到“没有七窍”，是不可能的。我们所能够做到的，是“体性抱神”，尽可能体现真性，守藏精神。

37 虚静恬淡

圣人之静也，非曰静也善，故静也。万物无足以铙心者，故静也。水静则明烛须眉，平中准，大匠取法焉。水静犹明，而况精神！圣人之心静乎！天地之鉴也，万物之镜也。夫虚静恬淡寂漠无为者，天地之平而道德之至也。

——《庄子·天道第十三》

虚静之美，是老庄学说中的一个重要的审美范畴。天地本从虚无而来，万物本由虚无而生。静则始于虚，有虚才有静。

从哲学观点来看，虚静是认识论，是人作为认识主体体悟客观世界的途径。人的认识对象，归根结底是“道”。“道”是玄妙而宏大的，宏大得近乎难以穷尽。要认识“道”，唯一的办法是加强主体的修炼，排除一切外来干扰，抛弃诸如功名、利禄、情爱、生死等世俗观念，使精神得到彻底解放，从而达到与天地生、与万物齐的“物化”之境。

庄子认为，“夫虚静恬淡寂漠无为者，万物之本也”。他从哲学的本体意义上阐述了“虚静”是万物的根本特性。既然作为万物之本的“道”的性质是虚静恬淡寂漠无为的，人要认识它，也必须如此，用“虚静”之心认识“虚静”之道。

为了说明静的重要性，庄子借水作比喻。水静则明，才能作为水准。直到如今，水平、水准依然是一种十分重要的衡量方法。水尚且如此，何况人呢？特别是圣人，如果能够保持静的状态，同样可以成为“万物之镜”。这样，万物可观于心。当然，真正的心灵之静，不是觉得静有好处才静，而是对万物无心，不受外界干扰，达到无意于静、“昧然之静”的境界。所谓“昧然”，是懵懵懂懂、不自觉的意思。天道覆载万物，在日夜不停地运行，它是动的，人处在天道运行之中，应该也是动的。但是，就自身而言，却可以是静的，顺乎自然的变化发展，照样能够做到“无不静”。天道的动和人内心的静，都要求无为，都要求自然而然。

心灵“虚静”，最后就能够达到一种物我同构、与道合一的最高境界，消除主体和客体之间的界限，也就是达到庄子提倡的“物化”的境界。何为“物化”？作为主体的人在认识客观世界的过程中,“不知所以生,不知所以死,不知就先,不知就后,若化为物”。具体地说,“庄子梦蝶” 就是 “物化”。不知道到底是庄子自己变成了蝴蝶,还是蝴蝶变成了庄子。庄子与蝴蝶肯定是有区分的,这就是万物的互变,也就是 “物化”。

“物化” 是进入 “虚静” 之后才可能拥有的境界。哪怕是在今天,“物化” 思想仍有一定的积极意义。人并不是孤立的,与世间万物有着相当密切的关系,人与世间万物是可以互相依赖,甚至互相转换的。人百年之后,难道说不可能成为一棵树?不可能成为一片草?那么,人对客观世界,哪怕是对一草一木,都应该多一分珍重。掠夺和损毁客体世界,实质上是对自身的掠夺和损毁。

多几分 “虚静”,便可能多几分超越世俗的清醒。

38 淡然无极

若夫不刻意而高，无仁义而修，无功名而治，无江海而闲，不道引而寿，无不忘也，无不有也。淡然无极而众美从之。此天地之道，圣人之德也。

——《庄子·刻意第十五》

我非常喜欢庄子这段话，用八尺整张宣纸写成狂草书法，做成镜框，安装在办公室门口的墙上。每天上班，看上一眼，心里便多几分宁静。2003年《美术报》十周年时，我定制了一批紫檀木镇纸作为纪念品，两块成对，上面分别镌刻“淡然无极”、“众美从之”，觉得特别合适。

我喜欢其中散发出来的恬淡自然、超尘脱俗的气韵，喜欢庄子营造的只有真人才能具备的心性纯朴的境界。这种境界，静则恬淡无为，动则随顺天然，现在已经没有人能够达到了，但是，却是那样的令人神往，令人着迷。

常人做事，往往容易刻意而为，带有浓厚的功利目的。庄子列举了五类人，批判了他们的弊病。第一类是“山谷之士”，他们致力于“刻意尚行，离世异俗，高论怨诽”，千方百计表现清高。第二类人是“平世之士”，他们致力于“仁义忠信，恭俭推让”，千方百计进行修身。第三类是“朝廷之士”，他们致力于“语大功，立大名，礼君臣，正上下”，千方百计平治天下。第四类是“江海之士”，他们致力于“就薮泽，处闲旷，钓鱼闲处”，千方百计显得无为的样子。第五类是“道引之士”，他们致力于“吹呴呼吸，吐故纳新，熊经鸟申”，千方百计求得长寿。对这些人，庄子都不以为然，因为他们“千方百计”、“致力于”，从目的到行动，都不自然，并非出于天性。

庄子提倡的，是“不刻意而高”，不要为了达到高尚的目的而刻意地在思想意志上严格地要求自己，要非常自然出于天性就达到高尚的境界；“无仁义而修”，不要为了仁义的目的而去修身，要出于自身内心的需要而修身养性；“无功名而治”，不要为了功名的目的而去治理天下；“无江海而闲”，不要为了与社会对抗、自命清高而去做隐士，要与世无争，只求清闲；“不道引而寿”，不必采用道通血气、柔和肢体的方法来延长寿命。对上述一切，都要“无不忘”，一切无心。只有做到这样，才能“无不有”，包括高、修、治、闲、寿在内，一切都能得到。

对一切都忘记，都淡漠，做到“淡然无极”（无不忘），那么，一切美好的东西，都会随之而来，也就是说达到“众美从之”（无不有）的境界。

在当今物欲横流的时代，人们的欲望和功利目的显得格外强烈，要做到“淡然无极”相当不容易。别说“淡然无极”，连刻意而高的人恐怕都难得，只需要喊几句谁都知道是假话空话的口号，只需拍好顶头上司的马屁就能得到提拔任用，哪里用得着“刻意地严格要求自己”？真有“刻意地严格要求自己”的人，恐怕已经十分稀缺。“仁义”二字，早已被当作垃圾抛弃，刻意也罢，无意也罢，谁还把仁义当回事？至于“无功名而治”，更是无异于天方夜谭，现在有些大大小小的官员，在“为官一任，造福一方”的口号下，大肆搞所谓“形象工程”、“政绩工程”，甚至不惜弄虚作假，一些实在没有财力的地方，也要在大道两旁造连续数公里的围墙，将里面的破破烂烂遮起来，以便面子上好看一点，这些都是见诸报端的，只要有利于提拔，有什么事情做不出来的？“无江海而闲”也不容易，大家都匆匆忙忙为名利而来，为名利而往，要闲哪得工夫！至于通过“道引”，应该是可以理解的事情。既然人无法做到“无为”，无法完全按照自己的天性生活，要靠纯自然获得长寿也不是一件容易事，“道引”一下，吃一些铁皮枫斗，吃一些脑白金，也就是正常的事情，尽管这年头不少保健品都是假冒伪劣骗钱的玩意儿。

然而，惟其如此，才更显得“淡然无极”的重要。

39 若浮若休

其生若浮，其死若休。

——《庄子·刻意第十五》

庄子的生死观，是超凡脱俗的。他站在道的高度，把生死看得很淡、很轻。

“圣人之生也天行，其死也物化。”生，只不过是天道运行、自然变化的产物，如同草萌生了，树发芽了一样；死，只是一种物理变化的必然结果。如此说来，生和死，与庭前花开花落没有什么区别。

看轻生死，看重自己所追求的事业，也即所追求的大道，这就是古往今来层出不穷的甘愿献出自己生命的原因所在。张苍水在即将杀头的那一刻，看了一眼西湖山水，平静地说“好山色”；瞿秋白在面临枪决的那一刻，同样看了一下四周的山水，说“此处甚好”。死亡对他们而言，确实是没有畏惧感的，他们不可能为了生存而放弃自己的信仰。所谓视死如归，就是这个道理。

懂得若浮若休，对人生相当重要。人生的轻和重，是辩证的。人生如此短暂，如此脆弱，如此具有不确定性，因而它“若浮”，是轻的，与浮萍没有什么区别。惟其如此，更应该珍惜生命，在有限的生命里做出更多的有效的事情来。就这一意义而言，人生是“重”的。每个人关于生命的价值体系是不尽相同的，所以不同的人心目中有不同的“人生之重”。有人将虚无缥缈的远大理想作为“人生之重”，有人将现实生活中的鸡毛蒜皮作为“人生之重”，有人为了实现人生既定的目标而废寝忘食，刻苦用功，有人看重眼前的享受，做一天和尚撞一天钟。我觉得这里没有高下之分，只要不损害别人，一个人不管采取什么样的人生态度都无关紧要，都不妨碍他的所作所为成为他的“生命之重”。

但最后归宿都是一样的，都得归去，都得“休息”。能悟透此理的，不管走得早，或者迟，都有足够的思想准备，走得从容，不失体面，不失尊严；有人无法悟透此理，要走的时候，便不能接受现实，求仙拜佛，牵肠挂肚，痛苦万状，最后却由不得自己。

俗话说："生不带来，死不带去。"人生都是"赤条条来去无牵挂"。明白了这一层道理，真的用不着太执着于名利的追求，犯不着官越大越好，用不着钱越多越好，用不着样样都想得到，到头来结果都是一样的，眼睛一闭，什么都带不走。更何况，欲念太炙热，常常会引来种种灾祸，得不偿失。

若浮若休，浮时潇洒，休时从容，岂不更好？

40 唯神是守

纯素之道，唯神是守。

——《庄子·刻意第十五》

庄子十分重视守神、养神之道。实际上，守神、养神之道正是道家功法的根本所在。

道家功有多种形式，如守一、吐纳、导引、行气、存神、坐忘、心斋、还精、辟谷、踵息、胎息、内丹、太极拳、八卦掌等等。不管哪一种形式，守一入神都是最基本、最关键的方法。

所谓守一，也即意守一处，达到调和形神的目的。"唯神是守"，"守而勿失，与神为一"，都是守一法的基础。老子认为守一可以入静，入静可以保养真气，这是长生之道。道家最基本的意守功守一法，其实质就是入静守神。

从道教内丹功的四个修炼阶段看，"神"确实非常重要。第一阶段是筑基。即练好身体，达到精足、气满、神旺的"三全"境界。第二阶段是炼精化气。将精与气合炼而成气，达到"三归二"。第三阶段是炼气化神，将气与神合炼，使气归神，达到"二归一"。第四阶段是炼神还虚，即"练一还无"，达到与道合真的最高境界。坦率而言，我对修道炼丹一窍不通，之所以对炼丹法感兴趣，是有感于道家对"守神"的重视。要领会"唯神是守"，对内丹功应该有一个基本了解。

《太平经钞壬部》云："人有一身，与精神常合并也。形者乃主死，精神者乃主生。常合即吉，去则凶。无精神则死，有精神则生。常合即为一，可以长存也。常患精神离散，不聚于身中，反令使随人念而游行也。故圣人教其守一，言当守一身也。"《太平经圣君秘旨》云："守一之法，乃万神本根，根深神静，死之无门。"归根到底，道家认为形体不能没有精神，认为精气神是人体生命不可或缺的三要素，"形须神而立"。

问题在于，如何能够守神。庄子认为，一要"纯粹"："其神纯粹，其魂不罢。"内心清净，所以没有什么夹杂；精神闲适，所以不会疲劳。二要“恬淡”：“虚无恬淡，乃合天得。”无心于与外界交往，非常淡漠；与外界没有丝毫抵触，非常纯粹；遏制过多的欲求，保持精神的清静，使形神合一而长生。

引用庄子的原文就是：“纯粹而不杂，静一而不变，惔而无为，动而以天行，此养神之道也。”养神之道已经明了，为什么不行动呢？

41 隐不自隐

道无意兴乎世，
世无意兴乎道，
虽圣人不在山林之中，
其德隐矣。
隐故不自隐。

——《庄子·缮性第十六》

在中国传统文化中，隐居是一种十分普遍而有趣的文化现象。中国的传统知识分子，在骨子里都隐伏着隐居情结。

这是因为，中国文人做官的欲望都比较强，所谓学而优则仕，拼命读书就是为了出人头地，获得高官厚禄。但是不可能每个读书人都有机会当官，在当不了官，或者暂时没有当官机会的时候，隐居便成为文人表现自己内心情怀的一种手段。有人是借隐居获得更大的名声，以期引起别人的关注，获得更高的位置。这有点待价而沽的味道，没有好价钱，决不轻易出山。这方面比较成功的有姜子牙，隐居钓鱼十载，终于遇到了周文王，成就一番事业；还有诸葛亮，隐居卧龙岗，等的就是别人高官聘请，终于盼来了刘皇叔刘备，却故意迟迟不肯露面，直到刘备三次登门，胃口吊足，才起身出山。不少胸怀大志的文人却没有这般机遇，等不到“明主”。于是只能骂世道黑暗，不愿意同流合污，就在林泉之下独善其身。

实际上，真正出世，真正要隐居，是不管在什么地方都可以做到的事情，用不着非要躲到深山老林去不可。“小隐隐于野，中隐隐于市，大隐隐于朝。”“小隐在山林，大隐于市朝”，等等，说的就是这个意思。看破红尘隐居于山林，只是形式上的“隐”，能够在最世俗的市朝中排除干扰，大智若愚，内心自隐，才达到了“隐”的最高境界。

白居易有一首《中隐》诗，非常有趣：“大隐住朝市，小隐入丘樊。丘樊太冷落，朝市太嚣喧。不如作中隐，隐在留司官。似出复似处，非忙亦非闲……唯此中隐士，致身吉且安。”他提出了“中隐”的概念，处于似出非出，似隐非隐之间。东晋王康琚《反招隐诗》曰：“小隐隐陵薮，大隐隐朝市。伯夷窜首阳，老聃伏柱史。”意思是真正大彻大悟的隐士，没有必要像伯夷一样隐居山林，老子在朝廷中也可隐居。东晋邓粲亦云："夫隐之为道，朝亦可隐，市亦可隐。隐初在我，不在于物。"

从中我们可以得知，"德隐"是非常重要的。身在社会，心离人间。处身喧闹之中，内心的精神世界却非常宁静。即便如此，看起来并没有刻意地隐居，并没有藏身山林，而是整天和凡人俗夫相处，这才是真隐士。

当今社会，知识分子多如牛毛，就业形势严峻，仕途和考场一样，千军万马过独木桥，你真要躬耕于卧龙岗或者到渭河去直钩钓鱼，即使有经天纬地之才，恐怕也没有人会来理睬你。所以，隐居林下抬高身价的做法早已背时了，真要"隐"，倒不如学学庄子式的"隐"，做到"心隐而身不隐"。哪怕整天混迹于"朝市"，和俗不可耐的人打交道，内心却宁静高洁，这就比人高出一筹。

即使你的满腹"文武艺"找不到"买家"，处境郁郁不得志，也无妨，因为你的内心本来就是"隐"的，可以说"志不在此"，无官一身轻，落得清净。

42 无益其乐

乐全之谓得志。古之所谓得志者，非轩冕之谓也，谓其无以益其乐而已矣。今之所谓得志者，轩冕之谓也。轩冕在身，非性命也，物之傥来，寄者也。

——《庄子·缮性第十六》

没有想到，早在庄子的时代，“轩冕”就已经和“得志”联系在一起了，高官厚禄已经成为知识分子追求的至高目标。当了官，就春风得意；当不了官，就穷困潦倒。可见此风古已有之，只不过于今更为盛行罢了。

庄子认为，得志的内涵，不应该是高官厚禄，而应该是“乐全之谓得志”，“无以益其乐”，也即纯实之性无以复加。他把保全内心纯朴的心性看得高于一切。

这是因为，“轩冕”不是性命所固有的，是身外之物。既然是身外之物，它来的时候不可阻挡，去的时候也无法挽留，由不得自己。为偶然“寄”在自己身上的东西而得意，是浅薄的，大可不必。历史上不乏这样的例子：突然因为某种偶然因素平步青云，后来又突然因为某种因素栽了，爬得高，跌得重，甚至丢了卿卿性命。现在电视上经常可以看到高官被“双规”的新闻，曾经权高位重，一旦沦为阶下囚，反差之大，令人感慨。即使不出现意外，人总有老的时候，官再大也有退位的一天，退了下来，虽然依然能够享受某种特权，但毕竟已经没有在位时的风光，有的人适应不了这种现实，晚景未必比平民百姓幸福多少。

所以，庄子主张，“不为轩冕肆志，不为穷约趋俗，其乐彼与此同”。轮到做官了，用不着快意；处境穷困，也不要去随波逐流，趋炎附势。一个心志健全、内心纯朴的人，对待荣华富贵和穷途落魄同样乐观。

如果把荣华富贵看得太重，侥幸得到了，又担心失去，为了保持既得利益，不惜动用种种手段，这样一来，就迷失了自我，即使身处高位，也是患得患失，心慌意乱，快乐不起来，最终丧失了本性。

更何况高官厚禄不是靠主观努力能够得到的,要靠机遇,靠背景;而保持纯朴的天性,则人人都可以做到。

追求身外之物,结果往往得不偿失,还是珍惜自我纯朴的本性吧!纯朴的本性,现在很多人都不重视了,实际上这是弥足珍贵的。

43 曳尾于涂

「吾闻楚有神龟，死已三千岁矣。王巾笥而藏之庙堂之上。此龟者，宁其死为留骨而贵乎？宁其生而曳尾于涂中乎？」二大夫曰：「宁生而曳尾于涂中。」庄子曰：「往矣！吾将曳尾于涂中。」

——《庄子·秋水第十七》

这是一段非常生动有趣的对话。这段对话的背景是，庄子在濮水边垂钓，楚王派了两位大夫去请他担任宰相。这情景有点与姜子牙钓鱼相似，只不过姜子牙钓鱼是假的，他直钩而钓，志不在鱼，而是要“钓”周文王，是在踌躇满志地等待着就任宰相的位置。而庄子钓鱼是真的，所以宰相位置送上门来了，却拒不接受。不但不接受，而且竟然说出宁可“曳尾于涂”的话来，让把官位、把宰相位子看得很重的人很无趣。

不过他的比喻是很绝的，他用死了已经三千年的“楚国神龟”作为比喻，当了高官就如同这样的神龟的龟骨，被君王很看重地珍藏在庙堂之上，需要时用于占卜。是做这样被珍藏的龟骨好呢？还是做拖着尾巴自由地生活在泥水中的活龟好呢？面对生与死的抉择，“二大夫”毫不犹豫选择了“宁生而曳尾于涂中”，庄子也以此拒绝相位，表示自己“将曳尾于涂中”。

问题在于，人们面对的官场，并不是非死即生、非生即死的两难选择，还可能有第三种可能，也就是说，生活于庙堂的水缸中，既荣华富贵，又不失去生命。许多人真是看到了这第三种可能，才千方百计去走仕途的。

其实，庄子已经把问题本质化，在他看来，一走上仕途，哪怕是在水缸中保持生命，实质上已经困于事务，失去自由，与“龟骨”无异，远不如“曳尾于涂”快活自在。

庄子确实不愿当官，对权欲极端厌恶，惠子却不了解这一点。惠子在梁国为相，庄子去梁国见他，他害怕得要命，担心庄子取代自己的相位，派人在国内搜寻了三天三夜。庄子自己到了惠子那里，给他说了一个寓言。他说凤凰非梧桐不栖，非练实不食，非醴泉不饮，而鹞鹰得到了一只腐烂的死老鼠，就宝贝得不得了，生怕凤凰要去抢他的腐烂的死老鼠,至于吗?

这比喻同样有点绝,实际上许多官位在表面上看起来肯定不像腐烂的死老鼠,否则,自古至今,为何会有那么多人争来夺去呢?

只是在凤凰眼里,它是腐烂的死老鼠罢了。

44 无为诚乐

果有乐无有哉？
吾以无为诚乐矣，
又俗之所大苦也。
故曰：
至乐无乐，
至誉无誉。

——《庄子·至乐第十八》

人活着怎样才算快乐？庄子的回答是：无为最快乐。

所谓人生的快乐，用现在时髦的话来说，叫“幸福指数”。“幸福指数”与财富并不成正比，一些欧美国家，福利程度很高，即使失业，也可以衣食无虞，按理说他们应该很幸福，然而事实恰恰相反，他们中的不少人感到迷茫，乃至于幻灭，自杀率很高；一些非洲国家，贫困到了极点，连人类最起码的生存条件都难以保障，但是他们却无忧无虑，照样活得逍遥自在，哪怕第二天的口粮还没有着落，照样唱歌跳舞。不久前，我的一位在非洲一个国家做生意的义乌朋友来访，谈及他在那个非洲国家的见闻，令人忍俊不禁。那里的人们尽管贫困，但是自我感觉极佳，以为当今世界，除了美国，就数他们国家富裕发达。他的非洲客户常常指着他们首都一幢难得见到的五层楼，用自豪的口吻说：“你们国家有这样的高楼吗？”我的义乌朋友只能不动声色地回答：“有的。”连当地层次比较高的人也如此，一次和一位当地人一起来中国，在他们的机场，那位先生问：“你们国家有这样的机场吗？”其实那机场非常简陋，甚至无法和我们县级市的义乌机场相提并论。我的朋友回答道：“你到了就知道了。”后来在浦东国际机场一着陆，那位非洲人目睹浦东机场后惊得目瞪口呆。

我绝对没有取笑或者看低非洲朋友的意思，只想借此说明，快乐与富裕程度并无多大关系。比如那些非洲朋友沉浸在“世界老二”的自豪之中时，他们的确享受着“世界老二”的快乐，尽管这种自豪并不真实。如果那位非洲人不到中国来，没有看到浦东机场的豪华气派，他的那种虚幻的快乐或许能够延续，我不知道当他认识到了外部世界之后，对他的快乐感是否会产生影响。我只想说，快乐只是一种感觉，不管真实还是虚幻，感觉快乐就是快乐，感觉不快乐就是不快乐。

还是说说我们身边的事情吧！改革开放催生了大批富豪，这批积聚了大量财富的人们，在别人眼里或许出则名车，食则酒宴，挥金如土，快乐无比。其实，未必如此，他们所付出的辛劳和压力，非常人可以想象。为了事业，他们牺牲了许多常人可以享受的东西，有不少人甚至心力交瘁。如果单纯用世俗的快乐来衡量，他们可能还比不上斗升小民。韩国财阀、现代集团前董事长郑梦宪从现代总部12层的办公楼纵身一跃的那一刻，我想，如果能够重新选择，他或许会选择做一个普通人，平平淡淡、平平安安地过一生。这两年，时常可以看到官员、老板跳楼的新闻，个中原因，恐怕并非"抑郁症"三个字那么简单。

庄子对这一问题认识非常透彻，他认为无为最快乐，无为才能无忧无虑，无所惧怕。他甚至进而认为死亡最快乐，人一死，万事皆空，可以摆脱一切苦难忧愁。他说他在楚国碰到一个骷髅，骷髅告诉他死的感觉："虽南面王乐，不能过也。"庄子听了后问："我让主管生命的神恢复你的形体生命，让你回去和父母妻子团聚，你愿意吗？"骷髅回答："吾安能弃南面王乐而复为人间之劳乎！"骷髅居然不愿意，认为死比活快乐。其实骷髅的态度，正是庄子的想法。

45 形全精复

夫形全精复，与天为一。

——《庄子·达生第十九》

现代人越来越注重养生了，生活水平越高，越是希望自己健康长寿，越是格外注重养生。于是，各种各样的滋补品畅销不衰，各种各样的锻炼活动日见红火。特别是到了中年、老年，更是把身体看得比什么都重要。想想也是，活了几十年，得意也罢，失意也罢，觉得一切都是身外之物，只有健康长寿才是最实在的。

问题在于，怎样才能有效地养生呢？

庄子认为，要养生，首先要明白养生的情理。这就是，不去做自己能力无法达到的事情，不去想自己心智无能为力的事情，一切顺乎自然。要知道生命只是一个短暂的过程，“生之来不能却，其去不能止”，自己是很难主宰的。谁能决定自己是否出生，何时出生，出生在什么地方、什么样的家庭？不能。谁能决定自己何时死去，死在哪里？除了自杀，人在自然状态下没有能力决定自己的死。一代英豪如秦皇汉武，求神炼丹，追求长生不老，终不可得，何况芸芸众生。

这一切，庄子看得多了，所以他对养生有了自己独特的看法。他觉得养生的关键，在于“弃世”，把生死看破，抛弃名利地位，排除一切杂念，这样，心地纯朴专一，无所用心，顺乎天理，就能够达到“形全精复，与天为一”的境界。

长期以来，人们受功名利禄的毒害太深，以为人生在世，总得留下点什么，所谓“雁过留声，人过留名”。其实，短暂的一生，能留下点什么呢？能留下的都是虚幻的感觉，实际上什么都不可能留下。帝王将相，在世时不可谓不煊赫，待到咽下最后一口气，和平民百姓并无二致。尸骨埋在山丘般的陵墓和埋在一堆黄土里，本质上是一样的。

从养生的角度看，无论追求名，还是追求利，或者追求地位，都是费心劳神的，对身体都不利。还是远离名利场吧，远离尔虞我诈，远离钩心斗角，远离互相残杀，远离是非纷争，宁静恬淡地面对人生。要做到这一点，最好的办法是站得高一些，俯视人生，从高处往下看，人与人都是一样的；不要仰视人生，仰视的结果，使人人都仿佛比你高。

形体健全，精神如初。如果一辈子都能如此，健健康康，平平安安，有什么不好？何苦还要人心不足蛇吞象，这山望着那山高，为一些得不到的东西而苦恼呢？

46 用志不分

用志不分，
乃凝于神。

——《庄子·达生第十九》

“用志不分，乃凝于神”，这句话，是庄子在佝偻者承蜩这则寓言中得出的结论。说的是孔子到楚国去，看到一个驼背的人在粘知了，熟练得如同捡拾一般。这种事情我小时候也经常做，用一根竹竿，顶端做成一个圆形，然后粘上蜘蛛网，就成为一个简单而有效的捕蝉器。没有想到，孔子那个时代就已经在流行这一抓知了的方法了，而且有佝偻者这样的高手，能让庄子提炼出“用志不分”的哲理来。

孔子看到佝偻者的捕蝉绝技后问：“子巧乎，有道邪？”佝偻者回答说：“我有道也。”佝偻者之道，就是熟能生巧。他花五六个月练举竿，做到在竹竿顶端叠放两个丸子而不跌落下来；后来练到可以叠放三个，乃至五个，绝少失手，这样气闲神定，举竿极稳，捕蝉便可以十拿九稳。而要做到这样，就必须用志不分，把自己变成木头一样，把手臂变成枯干的树枝一样，“虽天地之大，万物之多，而唯蝉翼之知。”也就是眼中、心中，天地万物都不存在了，看到的、想到的只有蝉翼，如此专注，身手如此不凡，那蝉还会逃得了吗？若我在儿童时代捕蝉时，就懂得了这个道理，捕蝉的手艺肯定要厉害不少。

当然，庄子是通过捕蝉来说明用志不分的道理的。做任何事情都如此。

庄子还举了渡船济渊的例子，只要是善于游泳的，学会撑船就容易得多，因为他们熟悉水性，对水不惧怕。特别是善于潜水者，视渊若陵，把深渊当作丘陵一样，把翻船当作车退坡一样，面对危险，若无其事，有什么事情不能做好的呢？这也是用志不分的一种表现，对某一事物特别熟悉，特别擅长，即使是别人认为非常艰难的事情，他也易如反掌。

用志不分的另一个重要原则，恰恰是要无所用心，要没有思想负担。无所用心与用志不分看似矛盾，实则对立统一。庄子举了赌博的例子，认为“以瓦注者巧，以钩注者惮，以黄金注者殙”。也就是说，赌注越小，精神负担越小；赌注越大，精神负担越大。内心总是受身外的利害得失所牵制的，要心绪宁静，正常发挥，就要尽量少一些身外之物的束缚。赌场上喜欢孤注一掷的人，没有一个有好下场的。

一个人的时间精力都是有限的，而世界精彩纷呈，诱惑人的东西实在太多，如果对什么都感兴趣，到头来什么都得不到，只能认准一样，用志不分，才能“凝于神”，达到出神入化的境界。这一道理，通用于任何职业，任何事情，任何人。

47 以天合天

则以天合天，器之所以凝神者，其是与！

——《庄子·达生第十九》

以天合天，就是遵循自然规律，顺乎自然。

庄子用三个寓言来说明问题。一个是吕梁男子游水。庄子假托孔子游览吕梁，看到一道瀑布高达三十仞，激起的泡沫长达四十里，水流如此湍急，连鼋鼍鱼鳖都无法出没。然而，孔子却发现一位吕梁男子在游泳，起先他以为是寻短见的，急忙让弟子们沿着水流去救他，后来却发现他悠闲自得，“披发行歌而游于塘下”，一点事情都没有。

孔子奇怪地问他：“蹈水有道乎？”吕梁男子说没有“道”，之所以善水，是因为“始乎故，长乎性，成乎命”。也即生于陵水而熟悉了陵水的环境，因而养成了习惯；在水上长大，谙熟了水性，而培养出游水的技能；从而在水上活动完全成为自然而然的事情，如同命中固有的本性一样。正因为这样，他在水中，完全按照水的流动规律，漩涡卷下去，他也跟着下去，漩涡卷上来，他也随之上来，不按自己的私意行动，归根到底一句话，遵循自然规律。

这让我想起在澳大利亚大堡礁的经历，那次出海，遇到了比较大的风浪，船颠簸得厉害，绝大多数游客都受不了，晕船呕吐不已。同行者没有一个不晕船呕吐的，只有我没有问题，甚至没有多少难受之感。我的做法是，用意念把自己与船的起伏合拍起来，随波容与，心跳、身子似乎与波浪慢慢合拍了。这或许也是遵循自然规律的表现吧！

另一个寓言是“梓庆削木为鐻”。一位名叫庆的木工主管雕刻了一件悬挂钟磬的木架，上面雕刻着鸟兽图案，活灵活现，非常生动，看到的人以为不是人工所为，而是鬼神做的。他的经验是：在制作这个木架之前，就不敢损耗神气，通过修斋以修养身心，修斋三日，忘记了功名利禄；修斋五日，无心于是非美恶，对别人的非议或者赞誉，对自己做得精巧还是笨拙，都不去想，不牵挂于心；修斋七日，连自己的四肢形体也全然忘却。这时，无心于公事，除了如何把木架雕刻得精巧，什么事情都不想，什么事情都不做。然后到山上去观察鸟兽的形状，做到了然于心，胸有成竹，再动手雕刻，这样才能“以天合天”，取得成功。

接着，庄子又用东野稷御马来从反面阐明这一道理。东野稷在庄公面前显露自己驾驭马车的本领，马进退非常直，直得合乎木匠用绳墨画过的直线；旋转非常圆，圆得合乎木匠用规画过的圈。庄公赞赏不已，让他去兜一百个圈再回来。在兜圈的时候，正巧被颜阖看到了，颜阖告诉庄公，说东野稷的马必定垮掉无疑。庄公当时不相信，没有多久，那马果然被累垮而回来了。庄公问颜阖何以事先知道，颜阖说：“其马力竭而犹求焉，故曰败。”那马已经精疲力竭了，东野稷为了追求名誉，还在强迫它继续跑，哪有不被拖垮的道理。这则寓言表明，追求名誉，若违反天性，则无事不败。

48 虚己游世

人能虚己以游世，其孰能害之。

——《庄子·山木第二十》

“野渡无人舟自横”，韦应物的诗，原先只是当作写景诗来读的，觉得寂静空灵，意境幽远，非常美丽。待到读了庄子的《山木》，读到“虚己以游世”的“虚舟”、“不系舟”的概念，才发觉原来这一意境，不单单是写景，更体现了一种哲理，展现的是一种至高的人生境界。

人生在世，如同泛舟茫茫大海。搏风击浪是一种境界，随风飘荡也是一种境界。人们通常认为，前者是积极的人生态度，后者则是消极的。实际上，人是渺小的，面对惊涛骇浪，所做的一切往往是徒劳的，有时还会带来灭顶之灾。比如十年“文革”，有多少人看出这是一场动乱，是不正常的，但是在特殊的历史条件下，谁能够加以阻止？有一些人位卑未敢忘忧国，挺身而出，说出了别人不敢说的话，做出了别人不敢做的事，但是结果只能是毁灭自己。在那场“大风大浪”中，要想阻止是不现实的，只能顺应形势，保全自己，等待风浪终于平息的那一天。

庄子认为，“虚舟”是保全自己的最好办法。当方舟在河上行驶，一只空船漂过来，即使相碰，即使性格暴躁的人也不会发火，但如果有人在船上，情况就不一样了，就会发生争执。所以，人生要把自己当作“虚舟”一样，把自己看作不存在，无心于事，无意于人，这样，在社会上交往，别人也就如同不会计较一只空船一样不会计较你，就不会受到伤害。

庄子本人学富五车，满腹经纶，却甘愿放弃权位，清心寡欲，一生不入仕途。虽然经常生活窘迫，不得不靠借债度日，却照样赋诗、讲学、高歌、操琴，不为物所累，自然无为，飘逸超脱。因为他懂得，“故有人者累，见有于人者忧”，也就是统治人是很累人的，被人统治也不好受。最好的选择，是既不去统治别人，也不受别人统治，超脱于社会之外。他奉行的正是“虚舟”策略。

“虚舟”的实质是无为，与人无争，保持自由自在的状态。这是一种超功利的人生境界。

49 葆真容物

子方曰："其为人也真。人貌而天虚，缘而葆真，清而容物。物无道，正容以悟之，使人之意也消。无择何足以称之。"

——《庄子·田子方第二十一》

庄子主张做人要纯真自然，而对儒家那套虚伪造作的做法大不以为然。

在《田子方第二十一》中，庄子借用田子方之口来阐述他的这一观点。田子方名无择，德高望重，是魏文侯的老师。一天，他陪坐在魏文侯旁边，多次称赞谿工其人。魏文侯说："谿工是先生的老师吗？"田子方说："不是的，只是我的同乡。他讲述大道常常恰当在理，所以我称赞他。"魏文侯说："那么先生没有老师吗？"田子方说："有"。魏文侯又问："先生的老师是谁呢？"田子方说："是东郭顺子。"魏文侯奇怪地问："可是，先生为什么没有称赞过他呢？"田子方回答道："他为人真诚，具有人的体貌和天一样空虚之心，随顺物性而保持真性，心性高洁又能容人容物。人与事不合正道，他端正己之仪态使自悟其过而改之。我哪里配得上去称赞他呀！"听了田子方的话，魏文侯深受触动，认为东郭顺子真称得上是一位德行完备的君子，而原来以为儒家提倡的仁义是至高无上的，对照东郭顺子，自己仿佛变成了没有生命的土偶，连魏国也成了累赘。

庄子为何对"仁义"如此反感，这是因为，"仁义"这套理论虽然无可厚非，甚至冠冕堂皇，但却是常人很难做到的，历代统治者为了统治的需要无一例外地要大力提倡，这就难免出现虚伪造作、弄虚作假的状况，以致"假仁假义"成了一种常态。

现在的官场也是如此，定下了许多看似很高尚的道德标准。试问，这个世界上谁能真正做到"无私"？谁也不可能做到的，有人嘴上不忘唱这样的高调，结果往往是台上说一套，私下做一套，大家都知道说的是大话、空话、假话，但只要在官场，人人都习以为常，久而久之，说假话成了一种无法回避的"官场文化"。再比如，让一个拥有无限特权的阶层为你服务，你认为可能吗？你承受得起吗？

甚至社会上的各类“先进模范”人物的评比，也脱不了“虚假”的怪圈。出现怪圈的原因有二：一是标准过高，超出了常人能够做到的程度；二是这种评比与一定的利益机制结合在一起，为了获取某种利益，不惜弄虚作假。比如得到了某种称号，在升学、就业等方面可以获得许多有利条件，这就使得一些人为了获取这一“荣誉”而不择手段。更何况，这种所谓的评比，是以打破社会和谐、平衡的局面为代价的，获取这类“荣誉”的人，其心灵也多少受到了扭曲。

可见，做人纯真自然是非常重要的，保持真性、容人容物，该是何等境界！

庄子还借用温伯雪子、老聃、真画者、臧丈人、伯昏无人等形象，进一步阐述这一观点。温伯雪子认为中原一带的士大夫被儒家的礼义蒙蔽了心窍而不懂人情，他经过鲁国时鲁人多次求见而婉拒，生怕见了失望，后来见了之后，果然只有叹息而已，孔子见了他，认为“目击而道存矣，亦不可以容声矣”，也就是说一看就知道他身上体现了天道，用不着说了。颜回对孔子亦步亦趋，而连孔子自己也认为，儒家的那一套不值得学习，应该转学天道。

天道者，自然之道也。

50 为道日损

故曰：「为道者日损，损之又损，以至于无为。无为而无不为也。」

——《庄子·知北游第二十二》

这段话，庄子引自老子的《道德经》，全文是“为学日益，为道日损。损之又损，以至于无为。无为而无不为”。“为学日益，为道日损”已经成为传播很广的成语。

这八个字，是学“道”的必由之路。学习知识、掌握知识，有一个不断充实、完善的过程；运用这些知识去探求天道，则又是一个删繁就简的过程，将学道、求道过程中的障碍一一清除，寻求最佳途径，去接近“道”。一增一减，其目的都是一致的，“为学”的目的是“为道”，“日益”的目的是“日损”。只有抛弃了许多，将复杂问题简单化，才可能接近于“无为”。“无为”而“无不为”，以天合天，以道合道，自然而然，才是“道”的境界。

有人对“损”，常望文生义，作出误读。实际上，“损”并非坏事，而是一种求道的过程和手段，只有“日损”、“损之又损”，简约得不能再简约，才能越来越接近于自然的本真，越来越接近于“道”。

“道”是无形、无声、无息的，它隐于大自然之中，要想认识它，获得它，唯一的办法是抛弃一些身外之物，抛弃得越干净、彻底越好。从某种意义上说，“学”不是为了获得，恰恰是为了“弃”，通过学习，知道世界上哪些东西是必须舍弃的，诱惑越大，越要舍弃。赤条条来去无牵挂，多少已经进入一种境界了。

观看北京奥运会，想必许多人都为美国游泳名将菲尔普斯勇夺8金的壮举所折服，为他泳池中神奇的泳姿所倾倒，他的成功经验非常简单，他说：“我的人生信条就是充满信心地过简单的生活。”为此，多年来他的生活内容除了游泳训练还是游泳训练，每天雷打不动游12英里，此外世界上丰富多彩的诱惑，他都视而不见。这就是

“为道日损”，为了游泳之“道”，抛弃了许多与游泳无关的“享受”。一个相反的例子，是中国男足，那球是踢得一塌糊涂，不说也罢，偏偏让人抓拍到了几个“国足”在比赛前夜泡妞的照片。一个足球运动员，要做到泡妞、泡吧、饮酒作乐和踢球都不误，能够吗？如果我们的“国足”们不能在名利、声色等方面“日损”，要想得足球之“道”，无异于天方夜谭。

其他各行各业都一样，要“得道”，首先必须学会“日损”，学会放弃与牺牲。庄子曾谈到过“捶钩者”的故事，“捶钩者”20岁开始做钩这种兵器，年逾八旬，捶打出来的钩依然锋芒毕露，不失分毫。他的经验是：“于物无视，非钩无察。”也就是把精力都集中到做钩上面，从不分神。

世上做任何事情，要想成功，都应该如此。有所不为，才能有所为；无为，才能无所不为。

51 观于天地

天地有大美而不言，
四时有明法而不议，
万物有成理而不说。
圣人者，
原天地之美而达万物之理。
是故圣人无为，
大圣不作，
观于天地之谓也。

——《庄子·知北游第二十二》

庄子的这段话容易理解，不妨大致说一下其意思：天地有许多好处，四时有分明的规律，万物有自然形成的特殊形式，但是，它们都从不自我表白。圣人以效法天地的好处为根本而与万物的自然本性相通。因为天地万物都是不言不说的，所以圣人效法天地而无为，这就叫做向天地看齐。

“观于天地”，即效法天地，向天地看齐，是庄子的自然观。

面对天地万物，人确乎是渺小的，微不足道的。要论高大，人不足与高山相比；要论广阔，人不足与原野相比；要论深邃，人不足与海洋相比；要论奔驰，人不足与骏马相比；要论威猛，人不足与狮虎相比；要论忠诚，人不足与义犬相比；要论团结，人不足与蚂蚁相比；要论弹跳，人不足与跳蚤相比；如此等等，不一而足。拿犬类、蚂蚁、跳蚤与人类相提并论，似乎对人大不敬，但事实确实如此，如果拿某一单项进行比较，自然界的许许多多事物，哪怕最弱小的生灵，也有超过人类之处。人常常以天地万物的主宰自居，实在狂妄至极。

再拿人类对大自然的破坏来说，劈山造田，改天换地，美其名曰“人定胜天”，大自然如同打呵欠一样来一次台风、地震、海啸，人间立马惨象环生，这样的教训实在太多、太深刻了。

所以说，人还是虚心一点，有一点自知之明吧！“观于天地”，老老实实师法天地，向天地学习。老子和庄子的“道”，实际上体现了一种自然生态的和谐之美。

52 无所不在

东郭子问于庄子曰：「所谓道，恶乎在？」庄子曰：「无所不在。」

——《庄子·知北游第二十二》

大道无所不在，也只有大道无所不在，无边无际，体现在一切事物之中。因为道产生万物，支配万物，体现在万物之中。

东郭子不明白这一道理，一再追问庄子，让庄子证明道无所不在体现在哪里。

庄子便说："道在蝼蚁。"

东郭子奇怪地说："为什么如此低级？"

庄子又说："道在稊稗。"

东郭子说："为何越来越低级了？"

庄子说："道在瓦甓。"

东郭子越来越不明白了，问："怎么更加低级了？"

庄子说："道在屎溺。"

东郭子听了，已经不想再问了。

庄子这时才解释说：你只问道在哪里，没有问道的实质。道是无所不在的，连蝼蚁、稊稗、瓦甓、屎溺都有道的存在，更说明道是到处都存在的。

道是博大的，无所不在的，但是并不复杂，能否悟道，关键在于用心体会。就如同禅理，也是无所不在的，有禅机的人，在各种不同事物身上都能够悟到禅理。有的看见"后园驴吃草"悟到禅机，有的"举头见月"而顿悟，有的看到"斫树倒地"、"汲水折担"、"足癫而仆"忽然开悟，说明禅理是无所不在的，就看你是否能够悟到。

同理，我们可以认识到，真理是无所不在的，而且是非常简单、非常朴素的，那种穿着豪华外衣的、故弄玄虚的"真理"，往往是唬人的"伪真理"。当然，要领悟到真理是不容易的，也需要悟道、悟禅的精神。

正因为大道无所不在，对道的领悟，并无特权，并无地位高下之别。位卑者因为没有更多的身外之物的束缚，反而更可以将复杂问题简单化，更容易接近于“道”；位高者，身上承载的外在的东西太多，可能反而影响了对“道”的追求。

正因为大道无所不在，不管你处于什么地位、什么境地，都应该坚信你所立足的土地，都应该热爱你所处的环境。要知道，只要你精心观察，“道”可能就在脚下，就在身边。

53 道不当名

无始曰："道不可闻，闻而非也；道不可见，见而非也；道不可言，言而非也！知形形之不形乎！道不当名。"

——《庄子·知北游第二十二》

老子和庄子都认为，道是无形、无声的，不能说、不能见、不能问、不能闻，也就是说："道"就是"无"，能够领悟到"无"的境界，能够做到"无"，可以说领悟到了"道"的境界，接近于"道"了。正因为"道"是无形无声的，我们无法给"道"一个合适的名字，甚至无法来解释它、阐述它。

事实确实如此，因为"道"实在太博大了，博大得无边无际，没有尽头，所以无法命名，任何命名只能给出一个局部。比如高山够博大了吧？但它无法涵盖"高山"以外的世界；大海够博大了吧？但它无法涵盖"大海"以外的天地；天空够博大了吧？但它无法涵盖"天空"以外的空间。它们都有一定的局限，不是全部。"道"是全部，不管给"道"一个什么样的名称，都无法表述"道"的全部，所以它只能是"无"，"无"是无所不在、无所不包的"全部"。

这绝非说"道"不存在，而是无所不在，正因为无所不在而"道不当名"，更不是说"道"无法探求，"道"随时随地都可以探求，只不过任何人在任何时候都无法穷尽而已。所谓"得道"高人，他也不过是在某一方面有所悟，有所得而已，他的"所悟所得"，使得他看"未悟未得"者浑浑噩噩如在梦中，使得他仿佛高人一筹的样子，殊不知一"高"便俗，一"高"便不是"道"了。人只能保持一种对"道"的敬畏和追求姿态生活，如此则稍感有意义。

说了"大"的，再说说"小"的。"道不当名"，庄子所说的"名"，是指道是无形的，不该给它安一个名称。这与我们现在理解的"名"是两回事情，两个概念。但在此我们不妨借题发挥，来说说世人们所非常看重的"名"。世人重"名"，特别是舞文弄墨者，都喜欢给自己按上各种各样的“名”，包括某某“家”，某某“大师”。光有“名”还不够，还必须加上“著名”云云。读有的“著名某某家”的艺术小传、艺术简历，所列职务、职称、成就详细得密密麻麻，让人目不暇接。同时，花大价钱买来版面，出重金请人撰写吹捧文章，为自己的“名”包装宣传，大肆炒作。其实，一个非常简单的道理，真正的“名”，是用不着自己去刻意为之的，也用不着罗列许许多多外在的职务、职称和艺术成就来证明自己的“名”，真正“著名”者是不需要冠以“著名”的前缀的，称王羲之为“著名书法家”、“书法大师”有何意义？“王羲之”本身就足以说明一切。李白生前从未“获奖”，也没有出版诗集，他的诗集是他的堂叔李阳冰在他去世后代为整理出版的，但这一切并未影响其身后之“名”。

如果明白了“道不可名”的道理，求“名”者应该可以稍稍清醒一点，稍稍降降温。须知，真正不朽的“名”，是“无”，能够做到“无名”，“名”就在其中矣！

54 至信辟金

故曰：「至礼有不人，至义不物，至知不谋，至仁无亲，至信辟金。」

——《庄子·庚桑楚第二十三》

庄子在提出这段论述之前，讲了一个非常通俗的“踩到脚”的比喻：在拥挤的市场上踩到了不认识的人的脚，要道歉，表示自己不是故意的；如果踩到了兄弟的脚，则无须道歉，只要“哎哟”一声表示怜爱就可以了；如果踩到父母的脚，连“哎哟”一声都用不着，因为父母一定知道自己是无意的而给予谅解。所以说，越是亲近，越用不着客套，因为双方已经不分彼此。

这为我们理解这段论述提供了很好的解读的方法。“至礼有不人”，最大的礼貌是不把别人当外人，按理说对父母应该最讲礼貌，最讲礼节，但是恰恰因为最亲近，已经不分彼此，所以反而可以免礼了，用不着客套。同理，最大的义是不分物我，不当回事情；最大的智慧是无须谋虑；最大的仁爱是不分亲疏；最大的信用是用不着拿金银作为抵押。最后一条“至信辟金”非常有意思，值得深思。一个人的信用是无价的，所以中国自古有“一诺千金”、“一言九鼎”之说，民间评论一个人重然诺，往往也用“他说的话可以当铜钱用”来形容。事实上，把信用和金钱联系在一起，用金钱来抵押，恰恰说明这样的“信用”是有问题的，因为对“信用”有怀疑，才不得不用金钱来作为额外的抵押，金钱的作用，明显要大于“信用”本身。而最大的信用，应该与金钱无关，所以说“辟金”，排除金钱的抵押作用。而现实生活中，要做到这样并不容易，在商品经济社会的初级阶段，金钱至上，为了金钱可以不择手段，不讲信用，可以坑蒙拐骗，无所不为，这样一来，“信用”不得不用相关的金钱作为抵押。比如到银行贷款，没有抵押，没有担保，银行是决计不肯轻易将钱贷给你的。如果大家都能恪守承诺，坚守信用，哪里用得着额外的抵押呢？

庄子谈论“至礼”、“至义”、“至知”、“至仁”、“至信”不是目的，他仍然只是比喻，他的真实意图，是要阐述“至道”。何谓至道？无为而无不为。那么，怎样才能做到“无为而无不为”？庄子提出要做到四个方面，第一方面是“彻志之勃”，解除富、贵、显、严、名、利六个扰乱心志的因素；第二方面是“解心之谬”，消除容、动、色、理、气、意六个因素的束缚；第三方面是“去德之累”，舍弃恶、欲、喜、怒、哀、乐六个因素的拖累；第四方面是“达道之塞”，打通去、就、取、与、知、能六个因素的障碍。这每一方面的六个因素“不荡胸中则正，正则静，静则明，明则虚，虚则无为而无不为”。可见，要做到“无为”也不是一件容易的事情，至少必须排出上述四方面24个因素，做到胸中了无牵挂，甚至连自己是一个人也要忘记，纯粹顺乎天然，如此则稍可接近于天道。

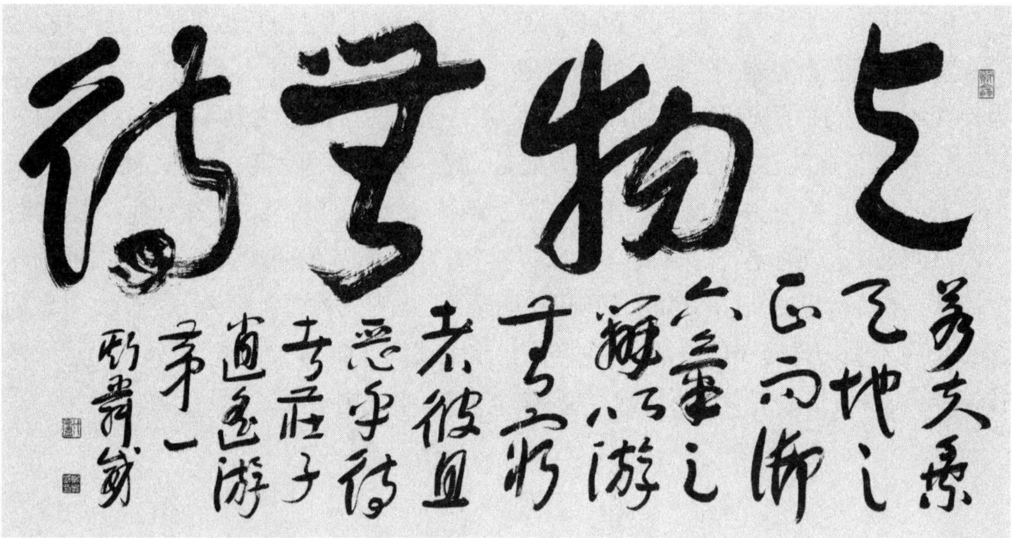

1. 与物无待

若夫乘天地之正，而御六气之辩，以游无穷者，彼且恶乎待哉！

——《庄子·逍遥游第一》

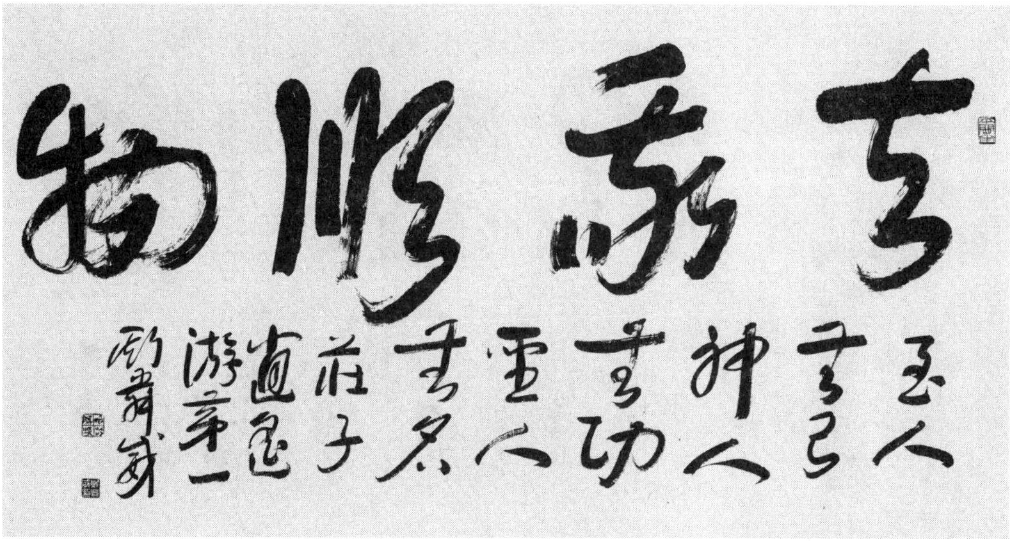

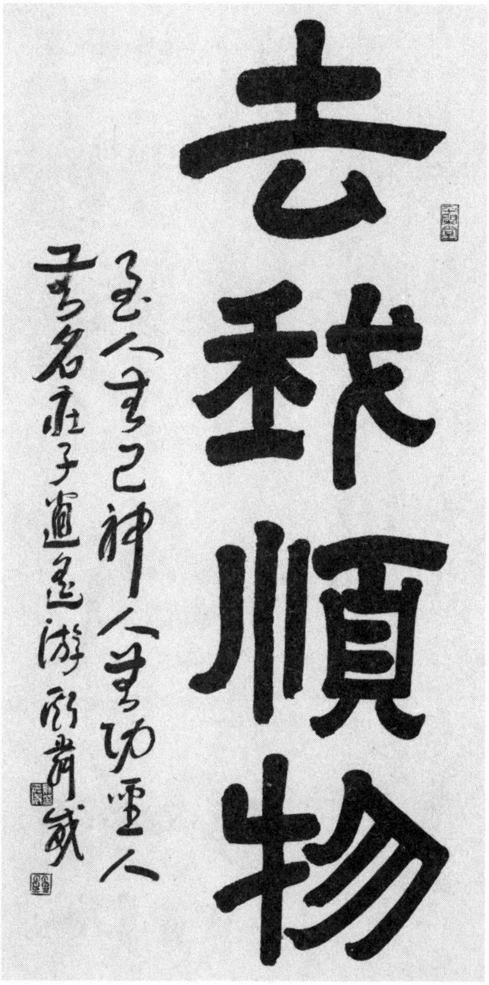

2.

去我顺物

至人无己，神人无功，圣人无名。

——《庄子·逍遥游第一》

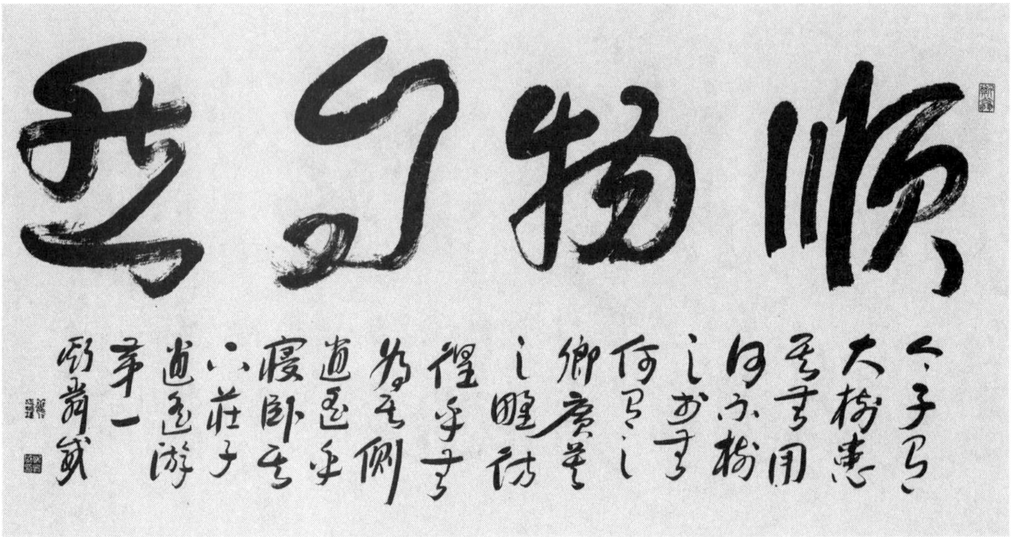

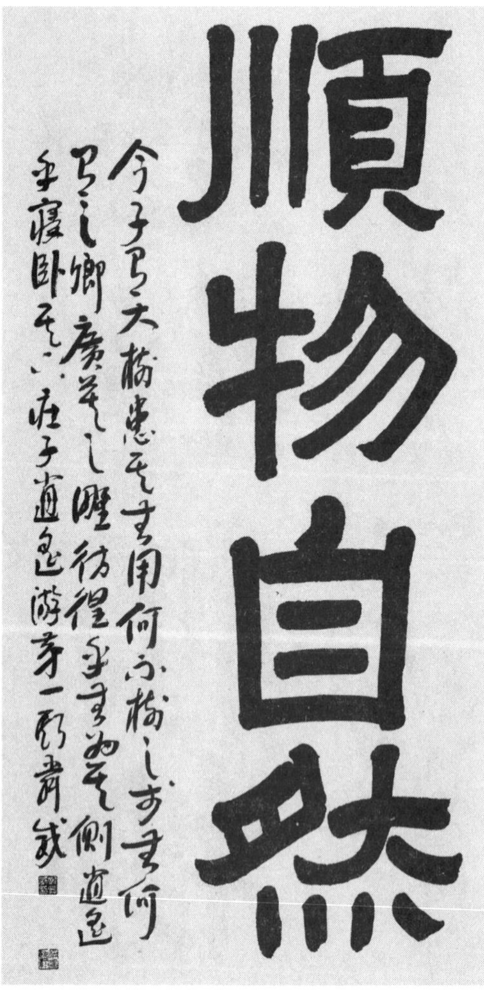

3. 顺物自然

今子有大树，患其无用，何不树之于无何有之乡，广莫之野，彷徨乎无为其侧，逍遥乎寝卧其下。

——《庄子·逍遥游第一》

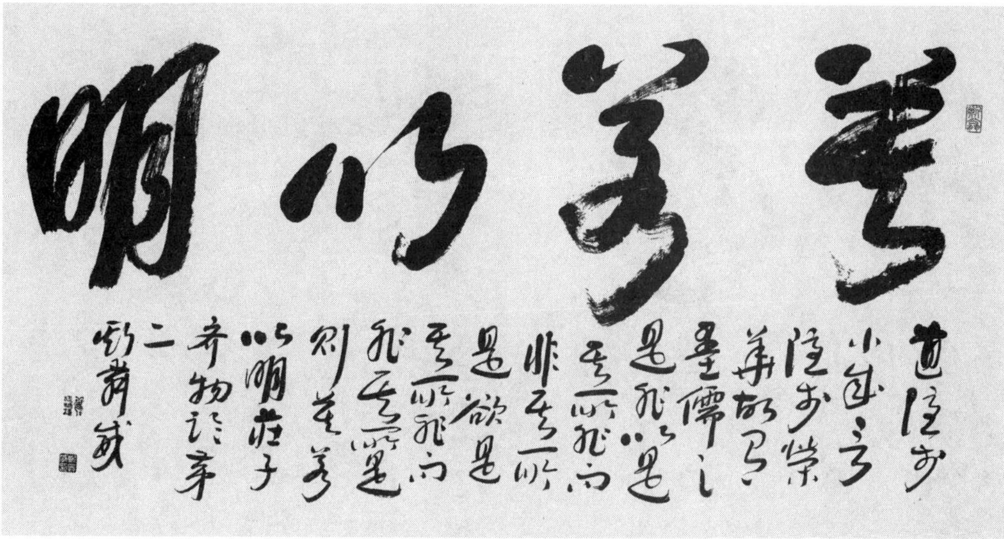

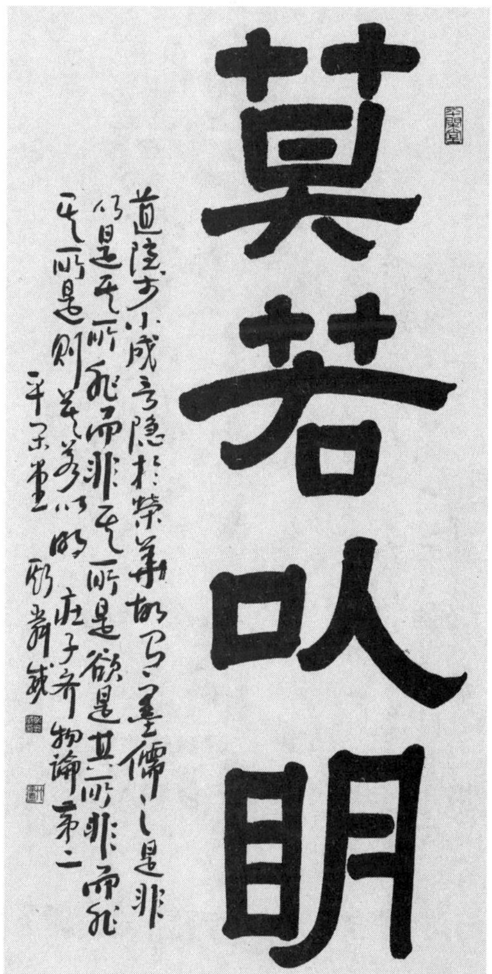

4.

莫若以明

道隐于小成，言隐于荣华。故有墨儒之是非，以是其所非而非其所是。欲是其所非而非其所是，则莫若以明。

——《庄子·齐物论第二》

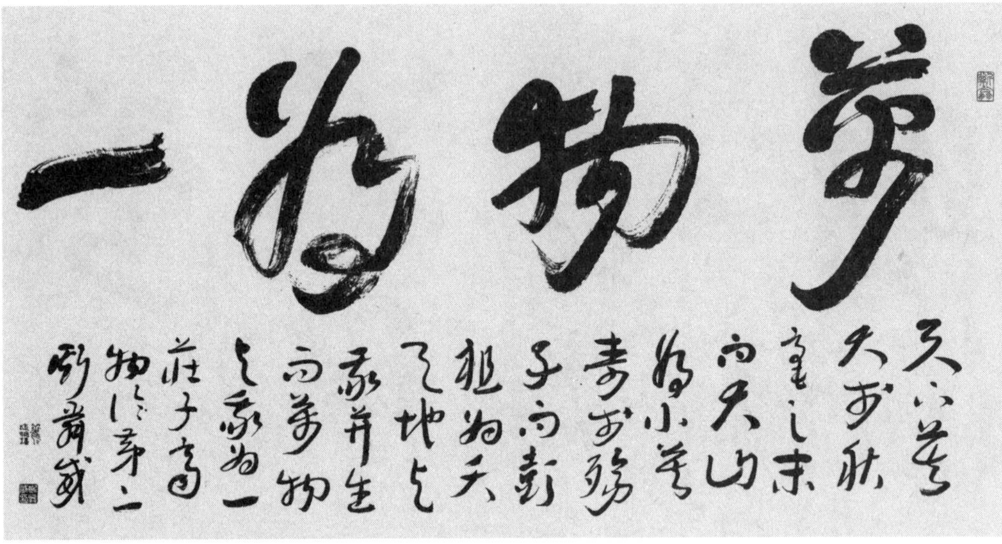

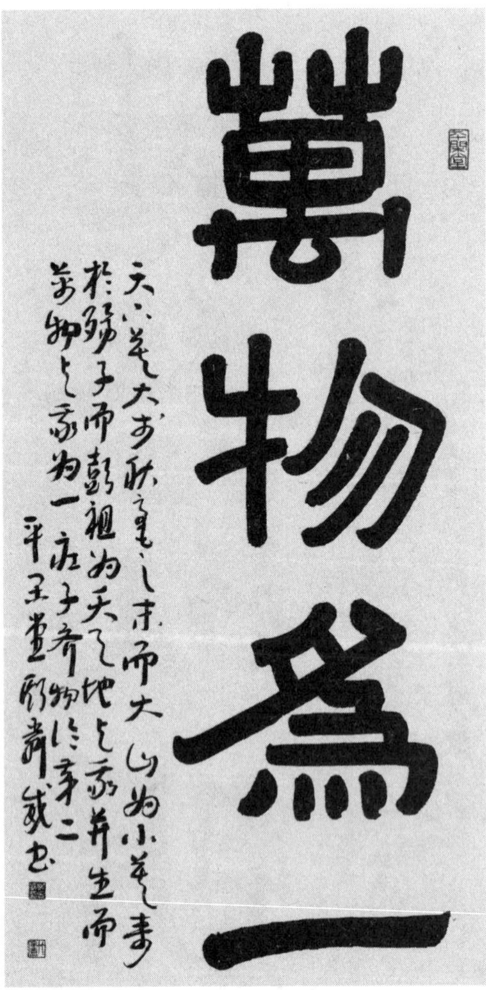

5.

万物为一

天下莫大于秋豪之末，而大山为小；莫寿于殇子，而彭祖为夭。天地与我并生，而万物与我为一。

——《庄子·齐物论第二》

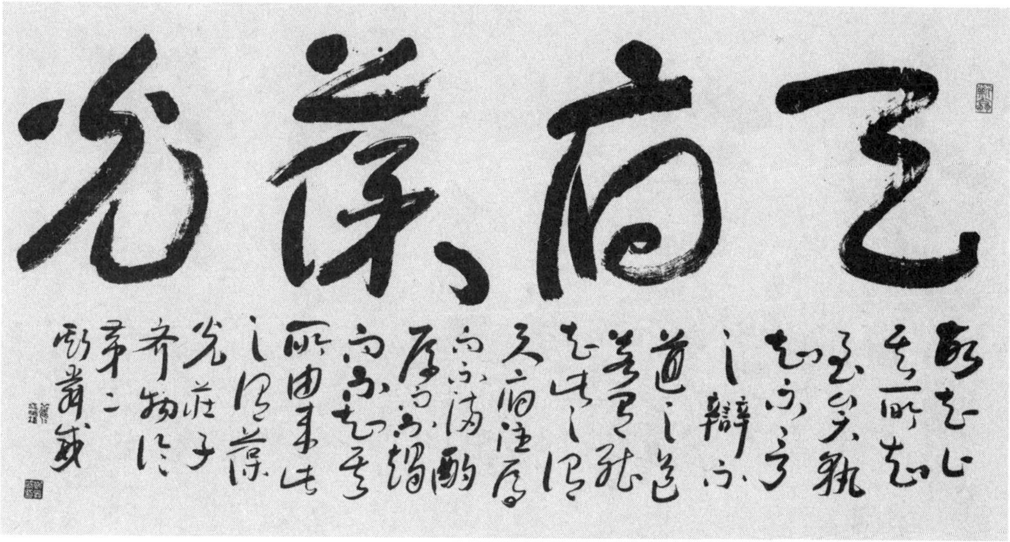

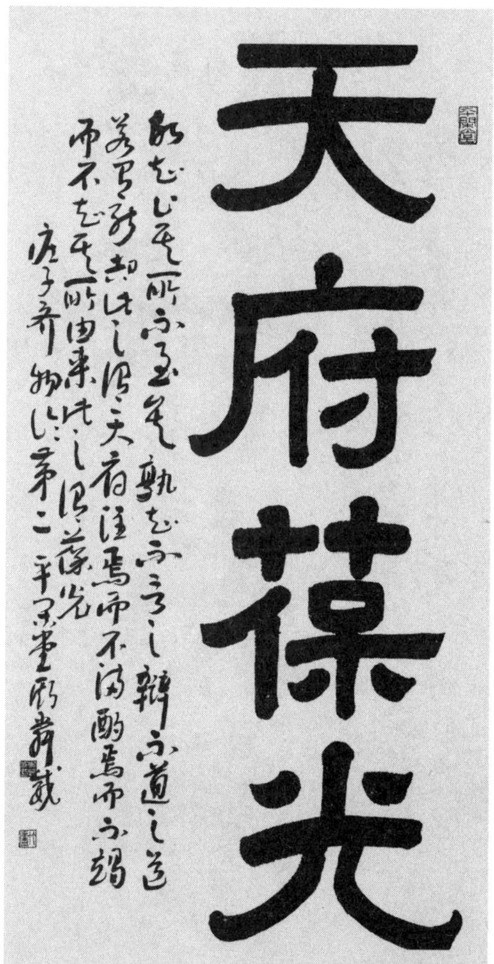

6. 天府葆光

故知止其所不知，至矣。孰知不言之辩，不道之道？若有能知，此之谓天府。注焉而不满，酌焉而不竭，而不知其所由来，此之谓葆光。

——《庄子・齐物论第二》

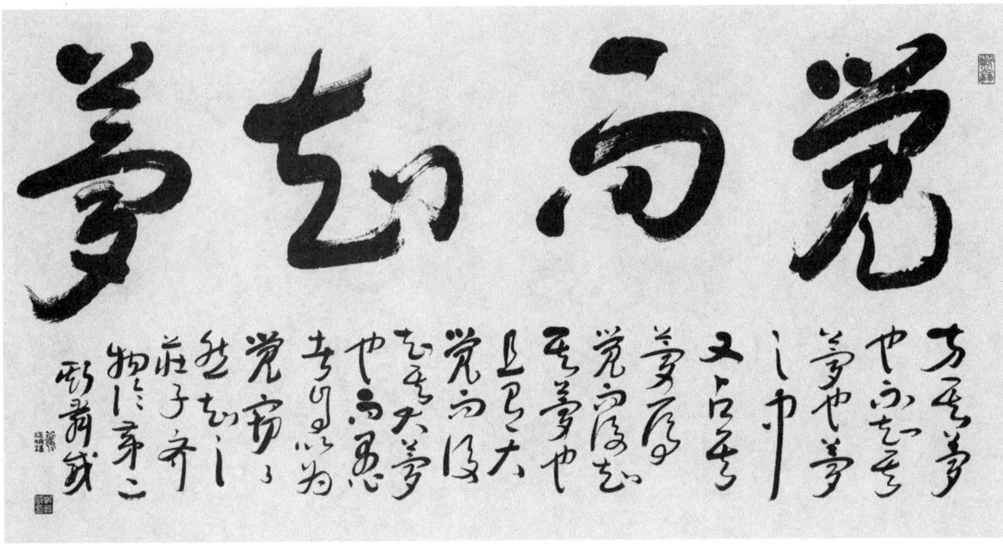

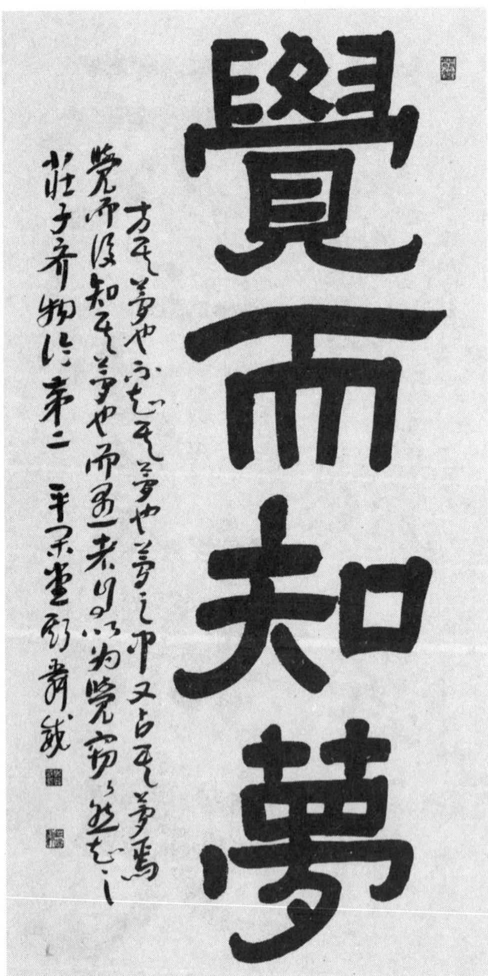

7.

觉而知梦

方其梦也，不知其梦也。梦之中又占其梦焉，觉而后知其梦也。且有大觉而后知此其大梦也，而愚者自以为觉，窃窃然知之。

——《庄子・齐物论第二》

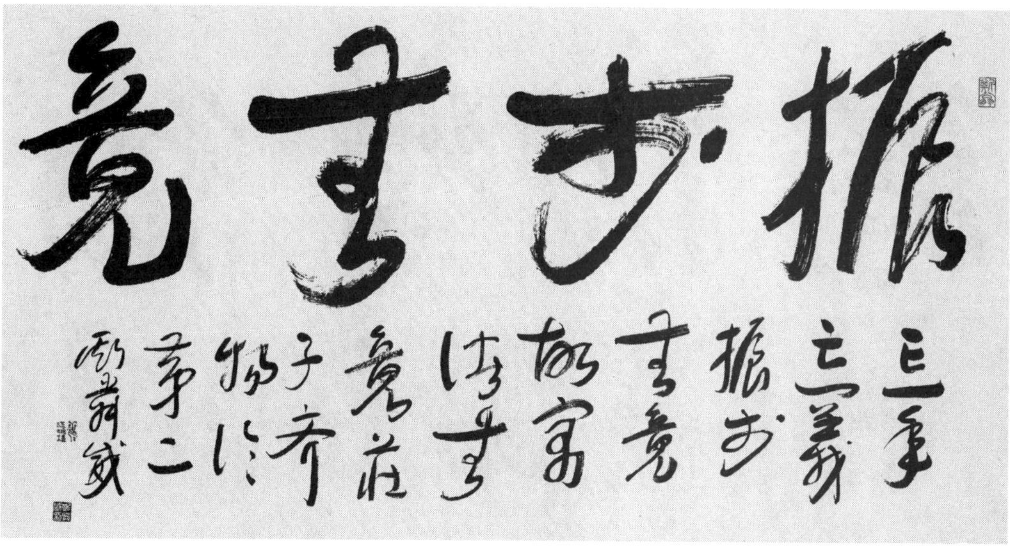

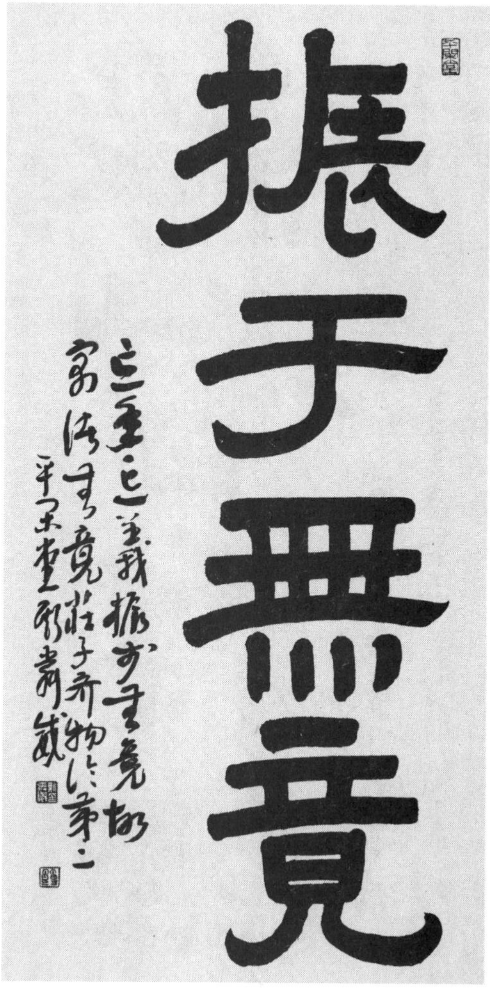

8.

振于无竞

忘年忘义，振于无竞，故寓诸无竞。

——《庄子·齐物论第二》

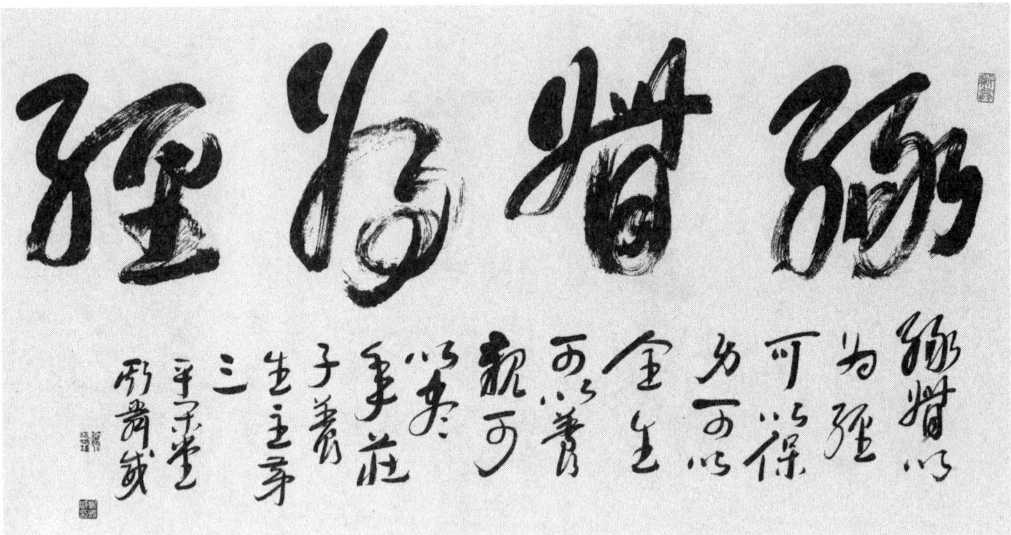

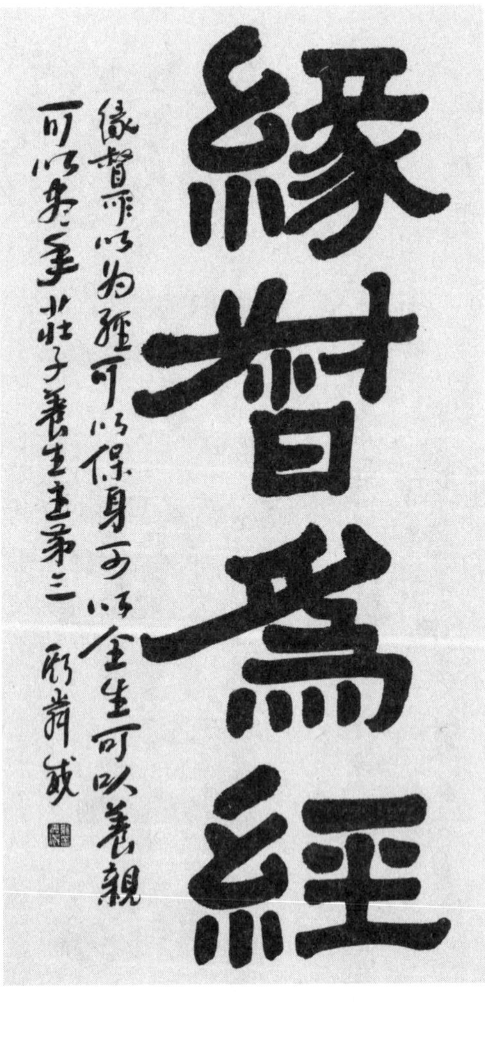

9. 缘督为经

缘督以为经，可以保身，可以全生，可以养亲，可以尽年。

——《庄子·养生主第三》

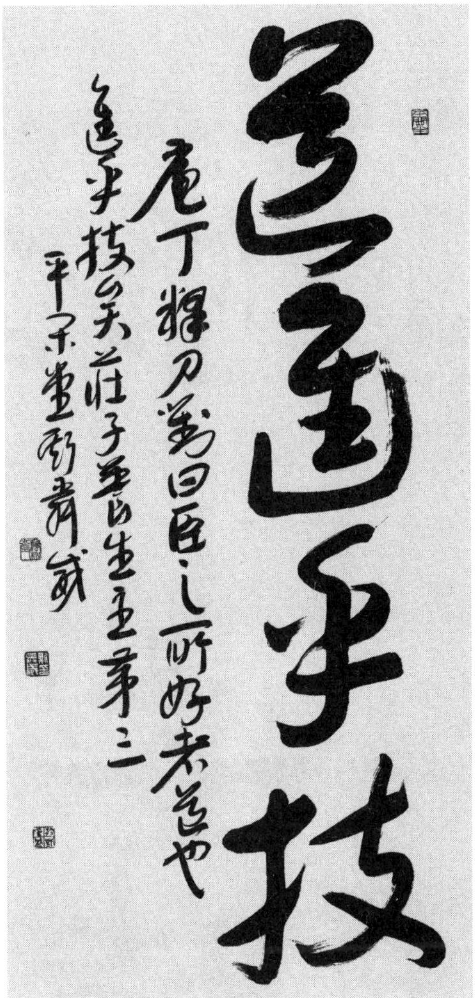

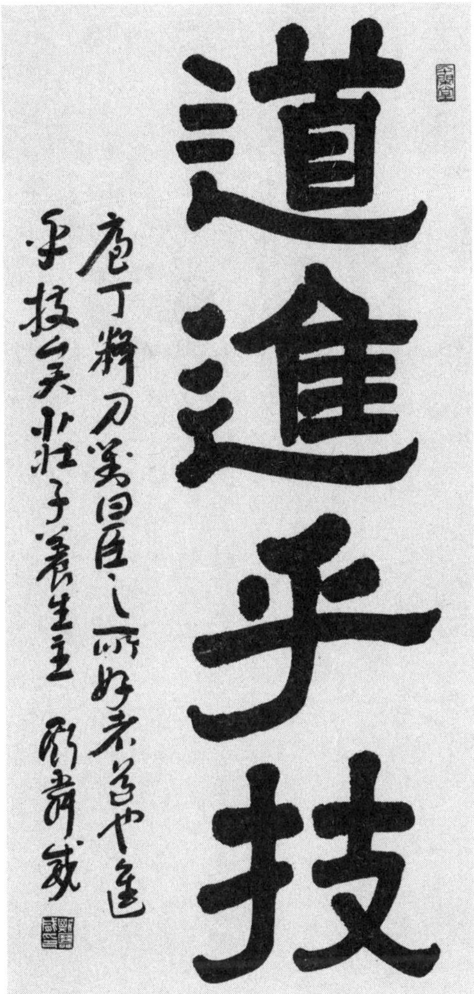

10.

道进乎技

庖丁释刀对曰：「臣之所好者道也，进乎技矣。」

——《庄子·养生主第三》

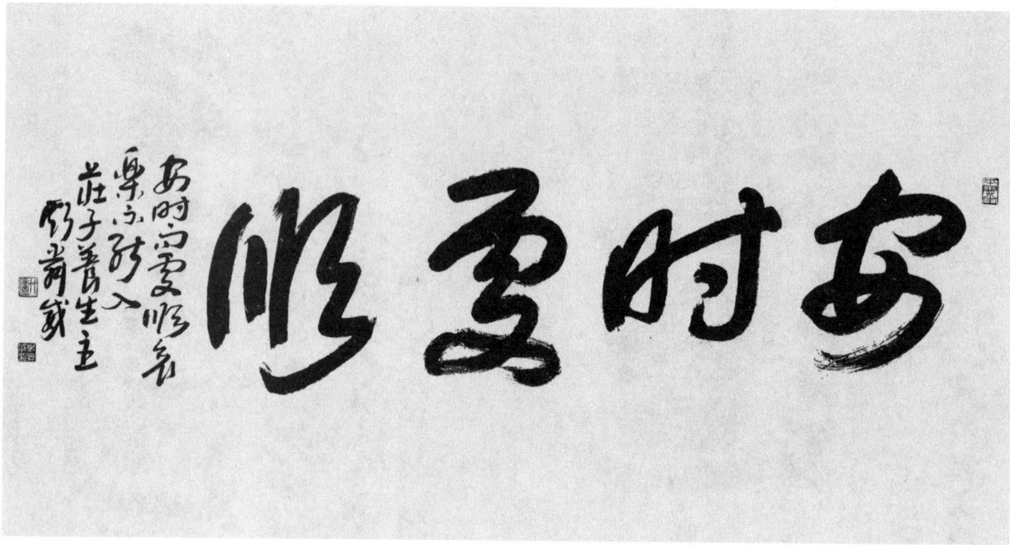

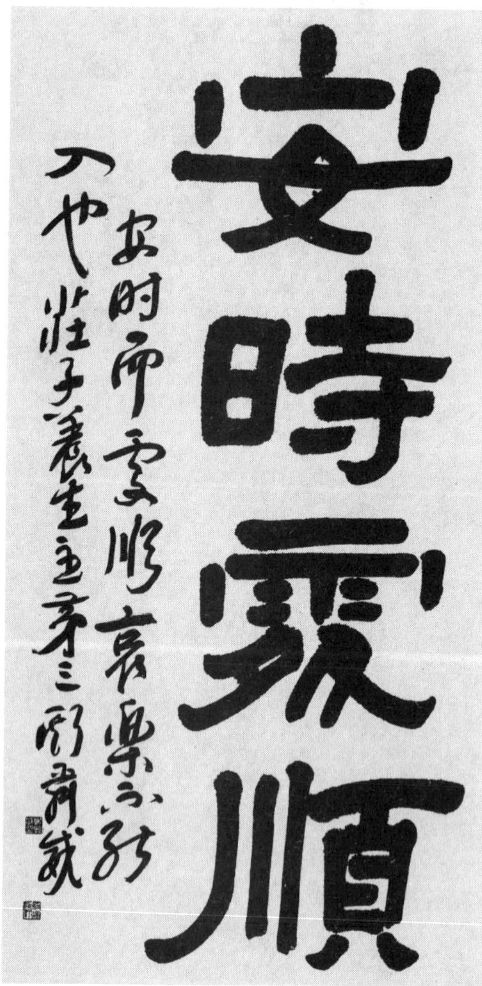

11. 安时处顺

安时而处顺，哀乐不能入也。

——《庄子·养生主第三》

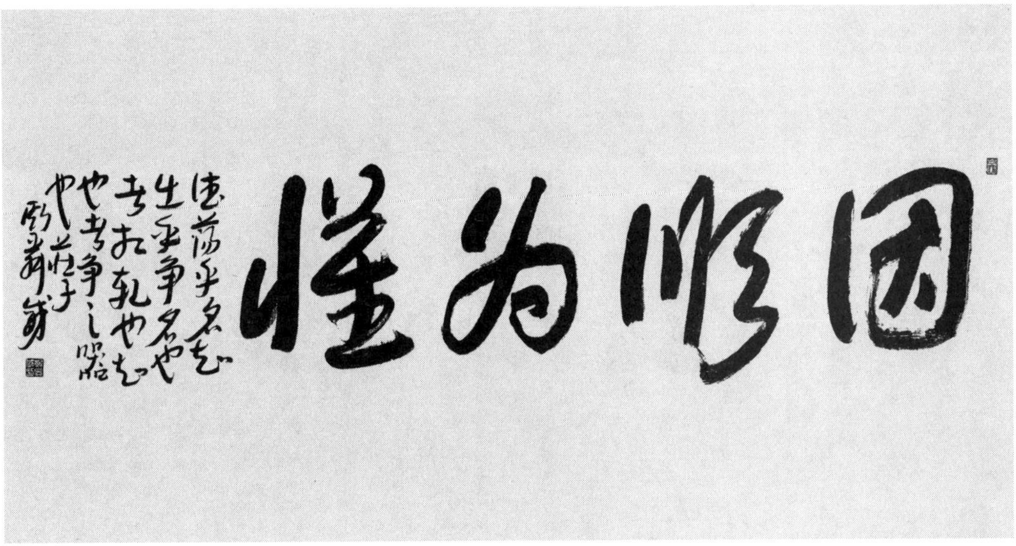

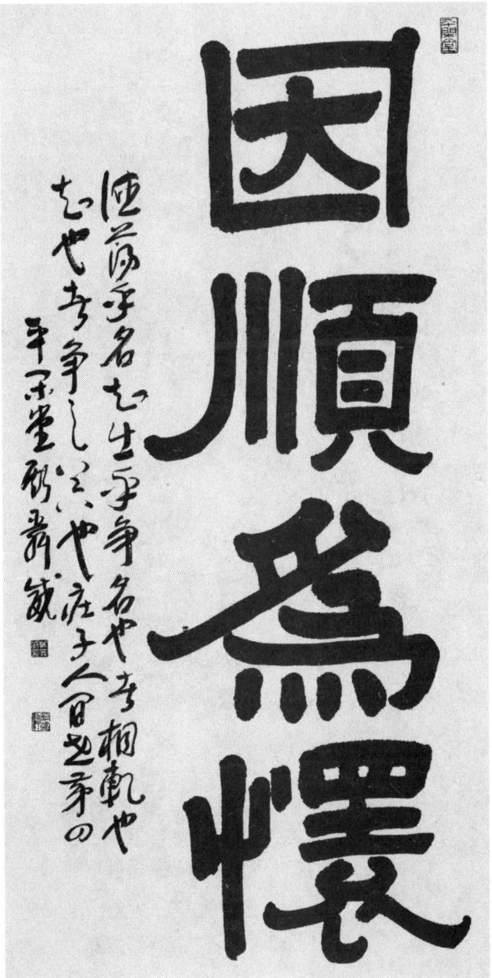

12.

因顺为怀

德荡乎名，知出乎争。名也者，相轧也；知也者，争之器也。

——《庄子·人间世第四》

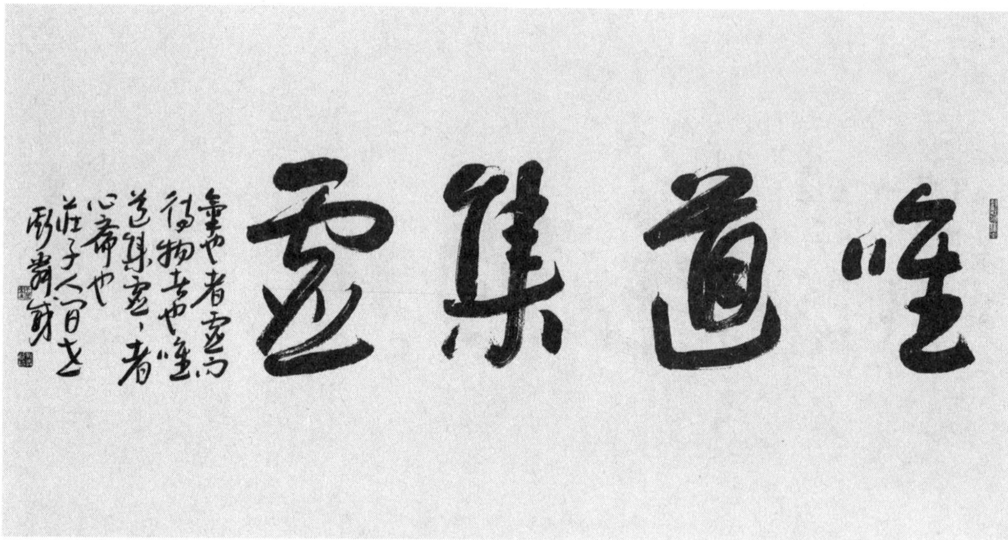

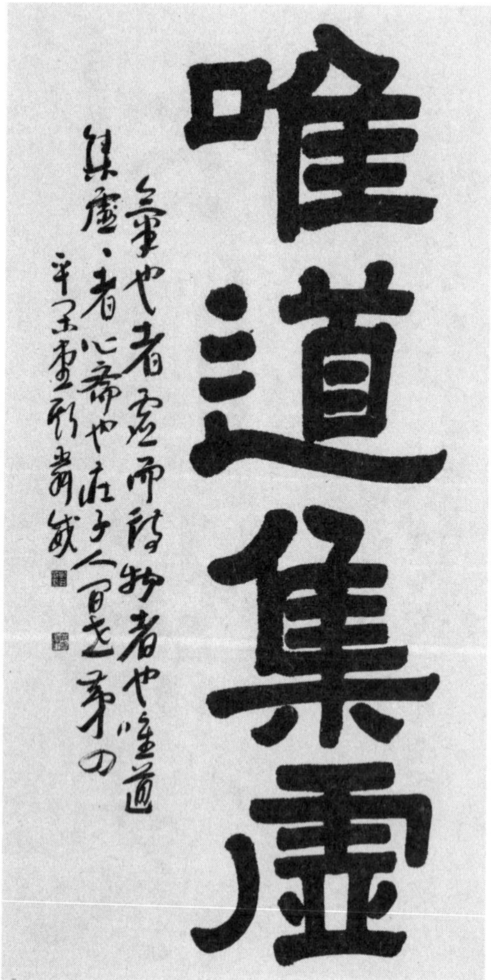

13. 唯道集虚

气也者，虚而待物者也。唯道集虚。虚者，心斋也。

——《庄子·人间世第四》

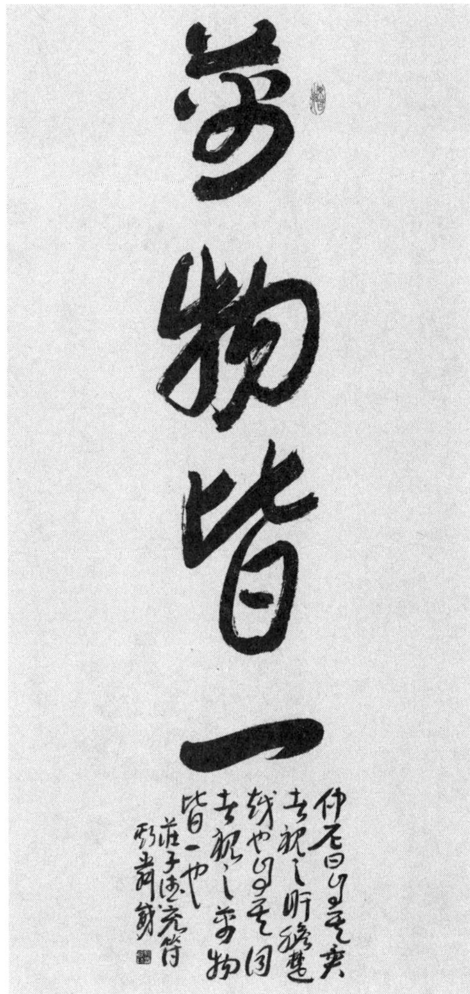

14.

万物皆一

仲尼曰：「自其异者视之，肝胆楚越也；自其同者视之，万物皆一也。」

——《庄子·德充符第五》

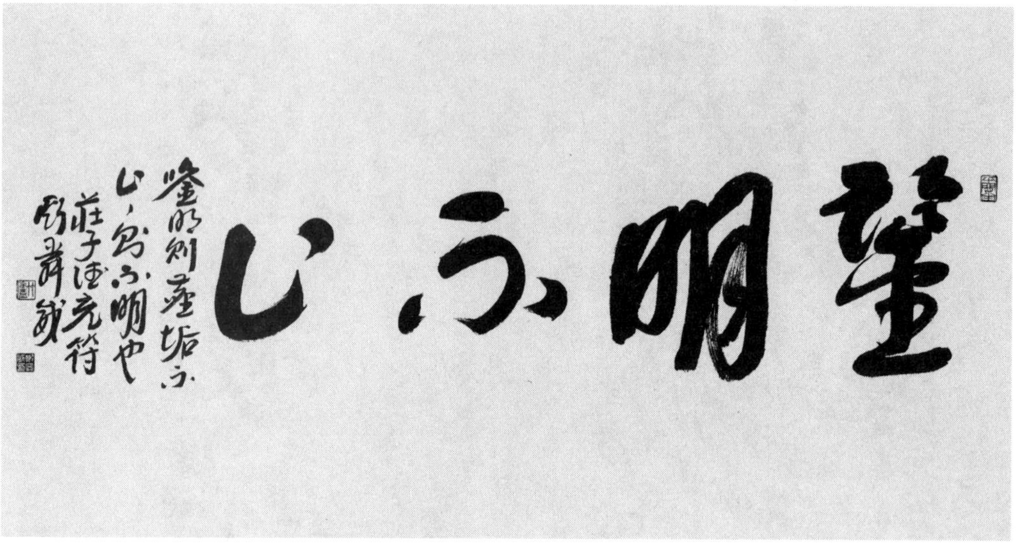

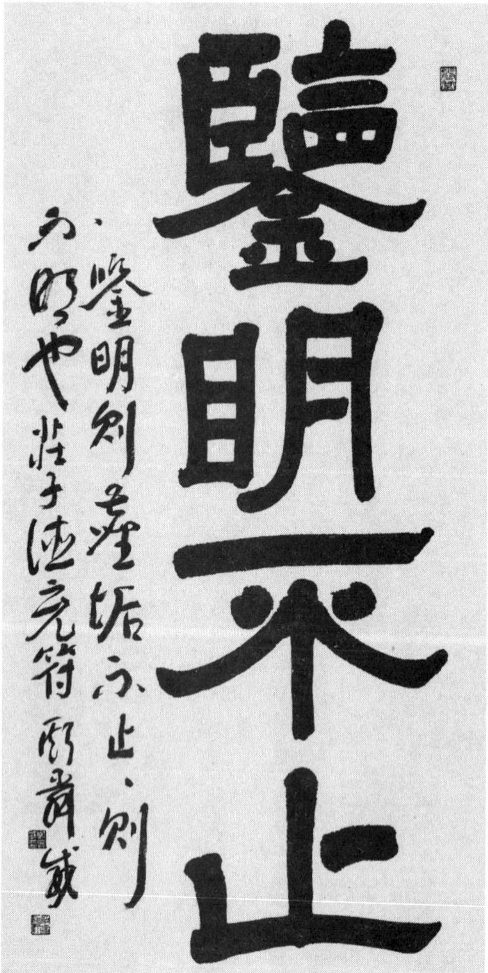

15.

鉴明不止

鉴明则尘垢不止，止则不明也。

——《庄子·德充符第五》

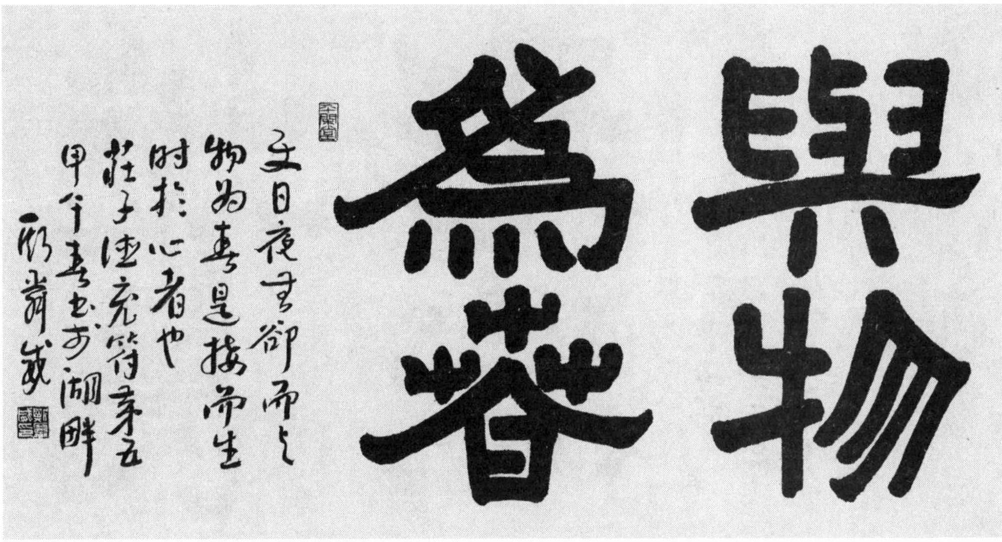

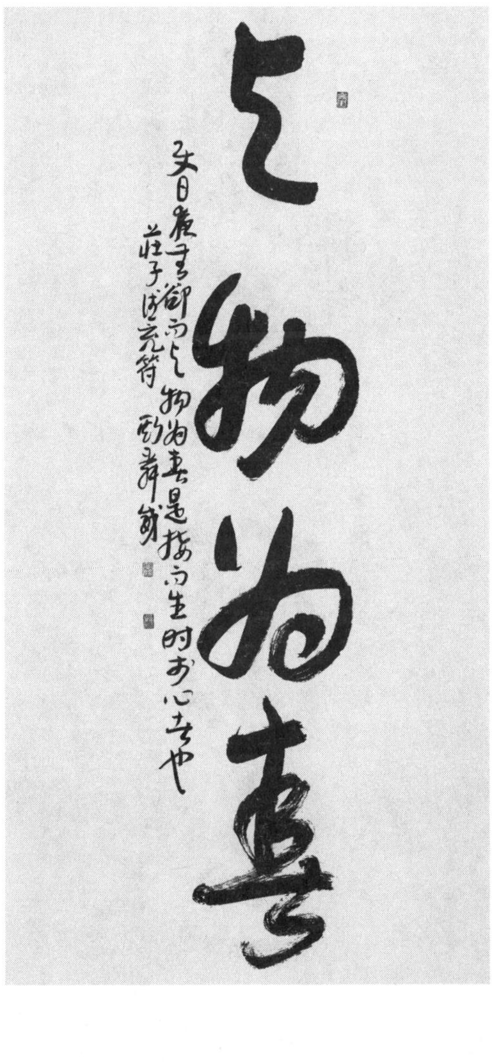

16.

与物为春

使日夜无郤，而与物为春，是接而生时于心者也。

——《庄子·德充符第五》

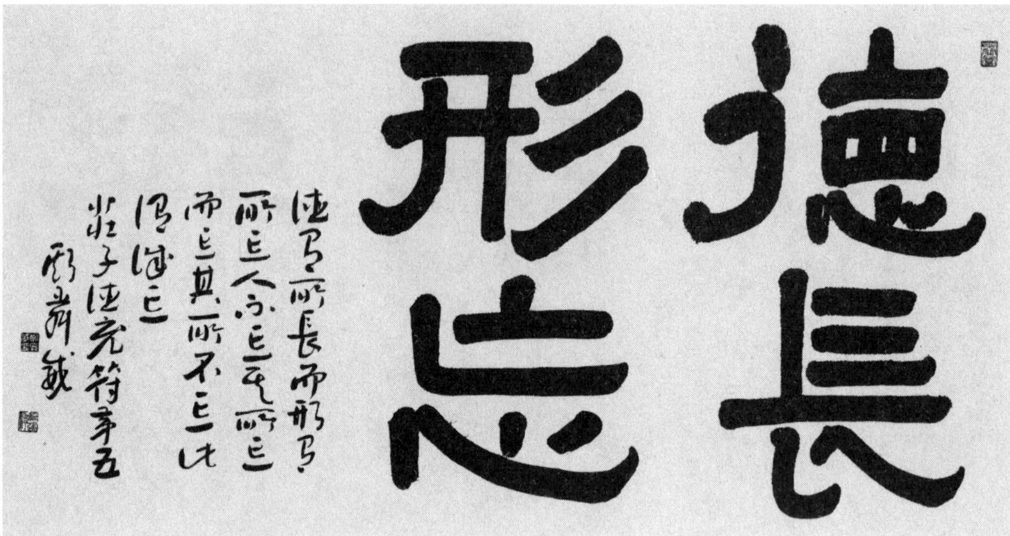

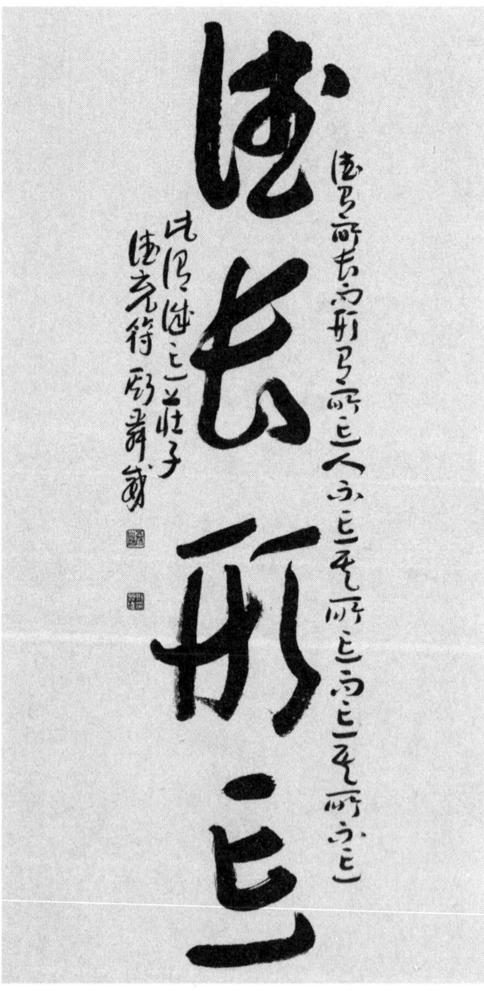

17\.

德长形忘

德有所长而形有所忘，人不忘其所忘而忘其所不忘，此谓诚忘。

——《庄子·德充符第五》

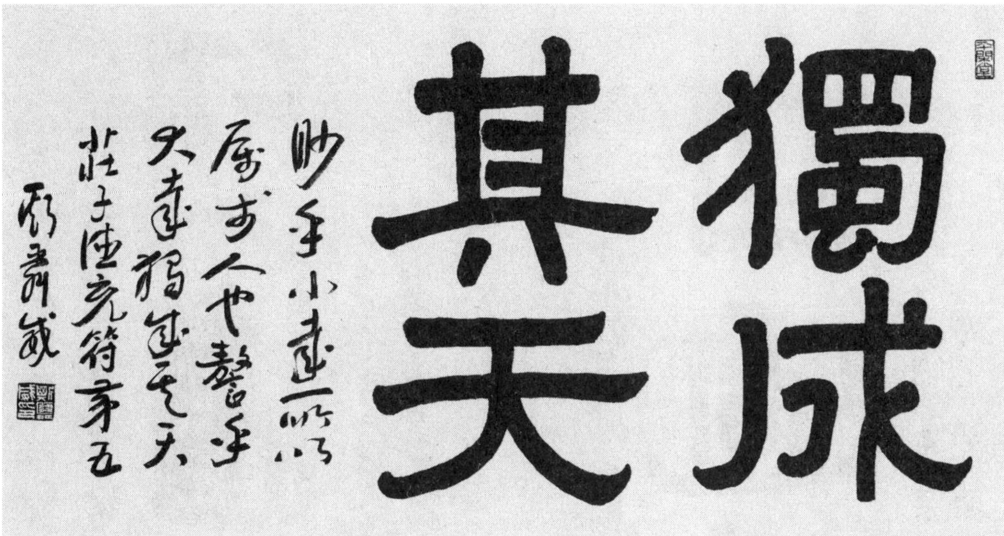

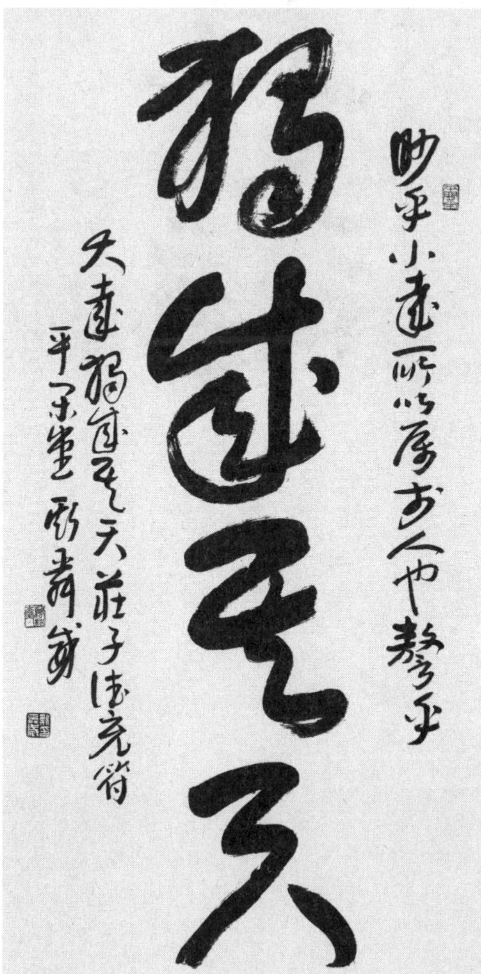

18.

独成其天

眇乎小哉，所以属于人也；
謷乎大哉，独成其天。

——《庄子・德充符第五》

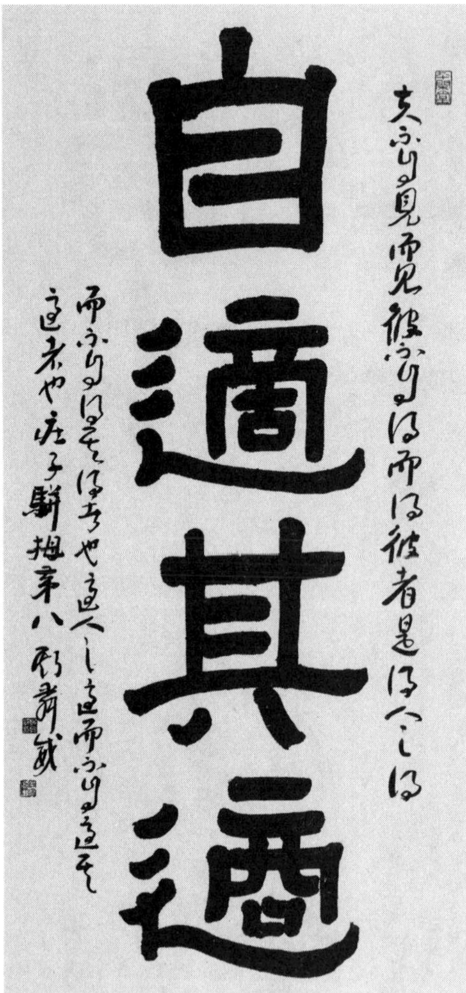

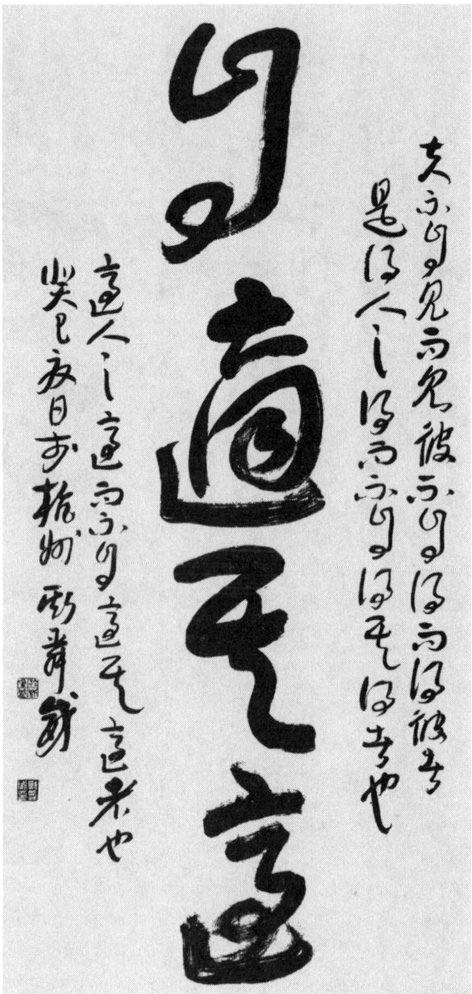

19.

自适其适

夫不自见而见彼，不自得而得彼者，是得人之得而不自得其得者也，适人之适而不自适其适者也。

——《庄子・骈拇第八》

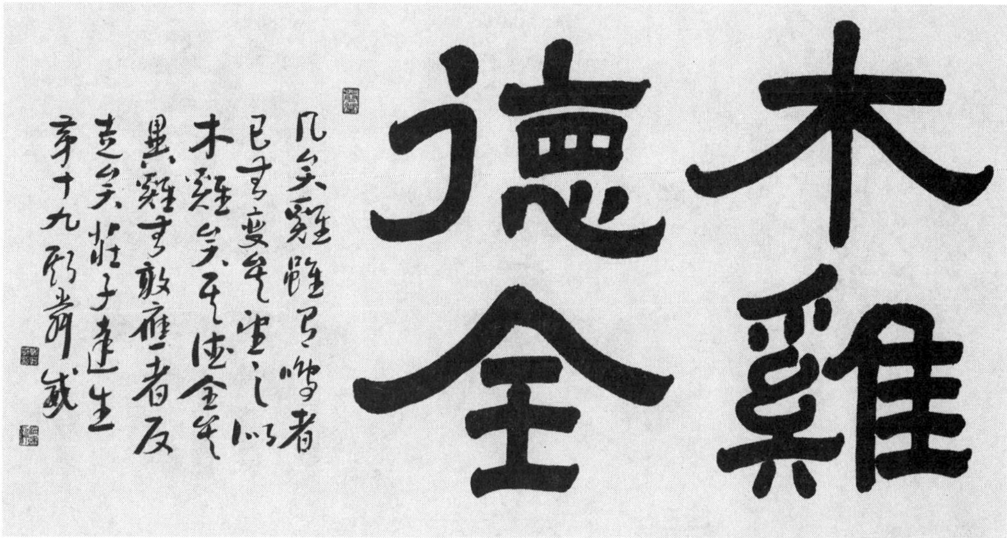

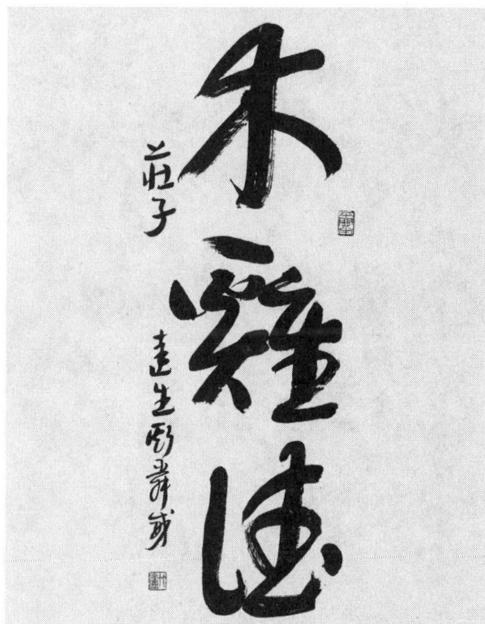

20\. 木鸡德全

几矣。鸡虽有鸣者，已无变矣，望之似木鸡矣，其德全矣。异鸡无敢应者，反走矣。

——《庄子·达生第十九》

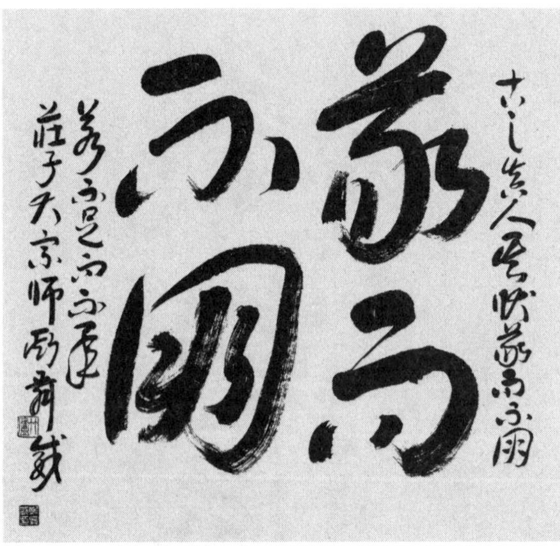

21.

义而不朋

古之真人，其状义而不朋，若不足而不承。

——《庄子·大宗师第六》

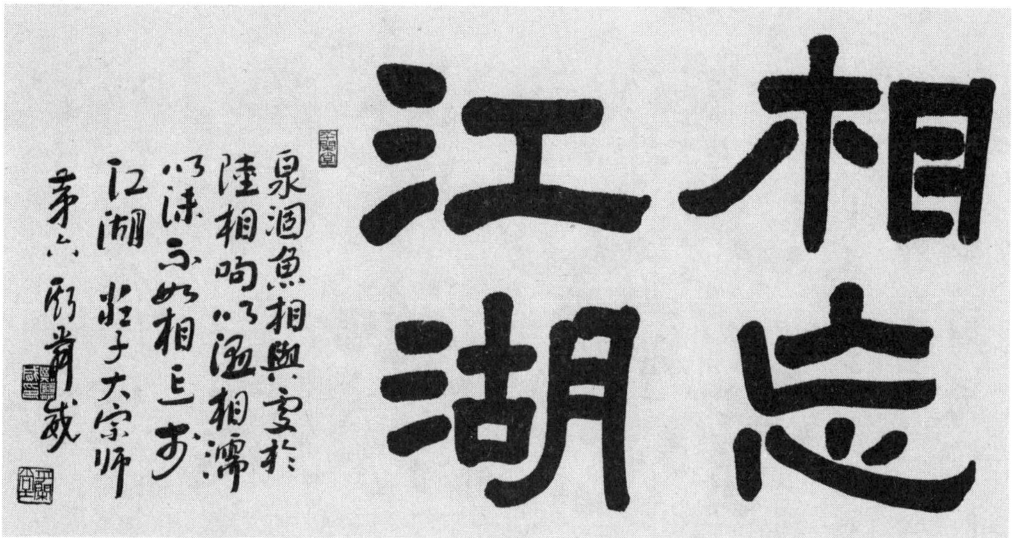

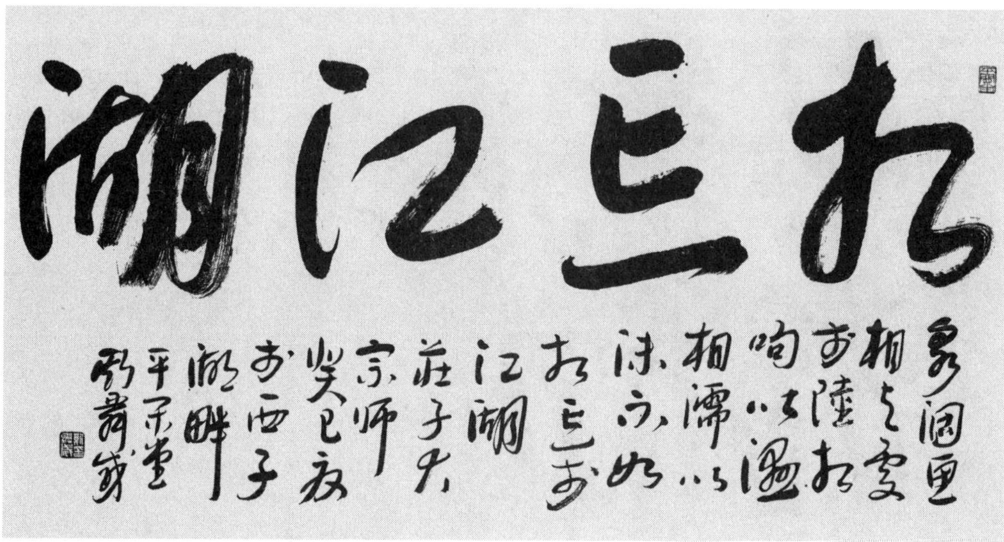

22.

相忘江湖

泉涸，鱼相与处于陆，相呴以湿，相濡以沫，不如相忘于江湖。

——《庄子·大宗师第六》

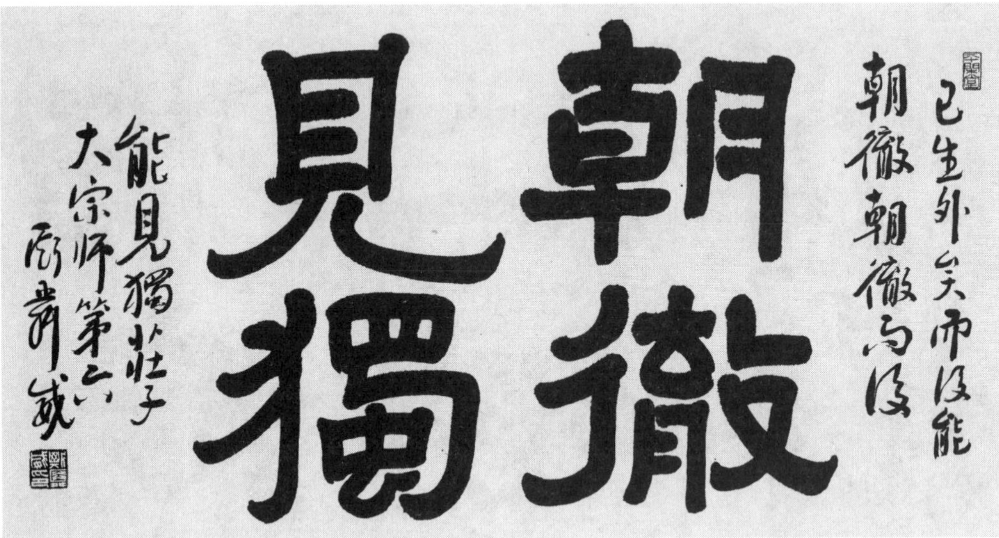

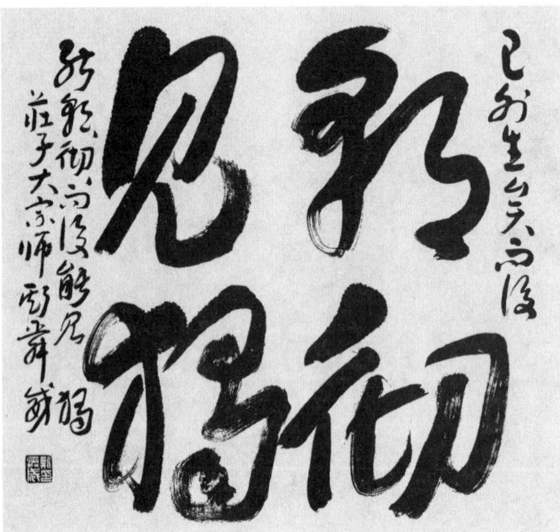

23.

朝彻见独

已外生矣，而后能朝彻；朝彻而后能见独……

——《庄子·大宗师第六》

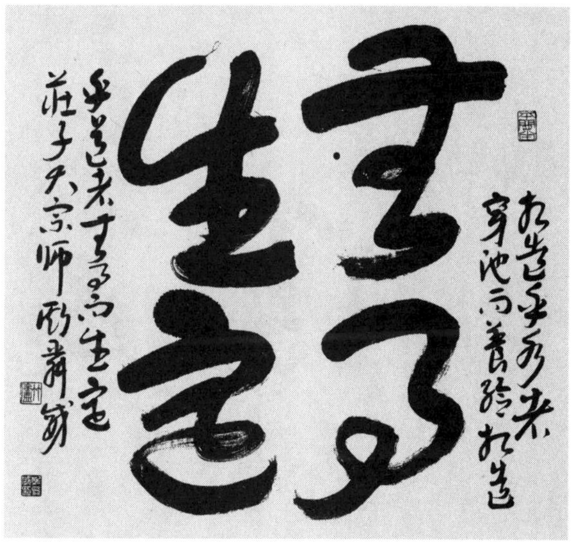

24.

无事生定

相造乎水者，穿池而养给；
相造乎道者，无事而生定。

——《庄子·大宗师第六》

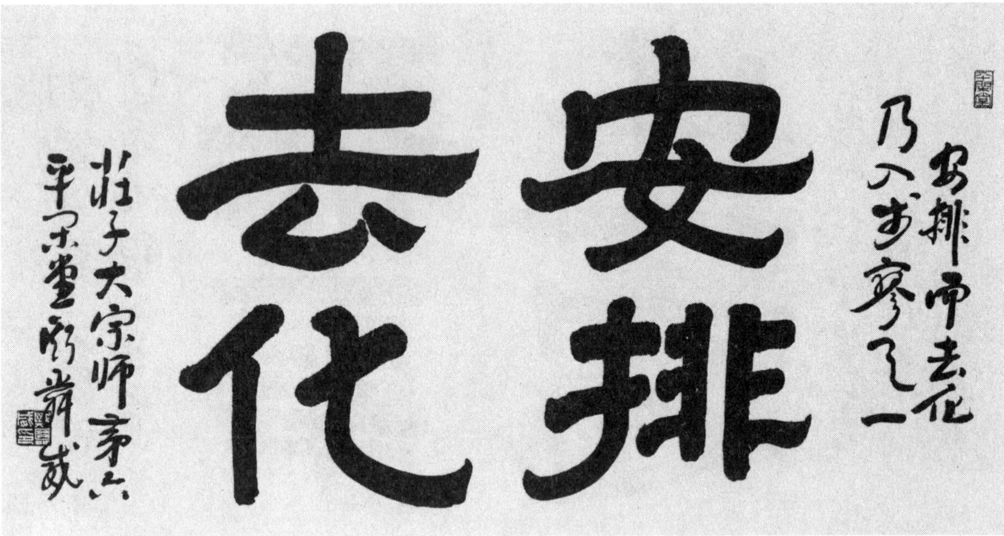

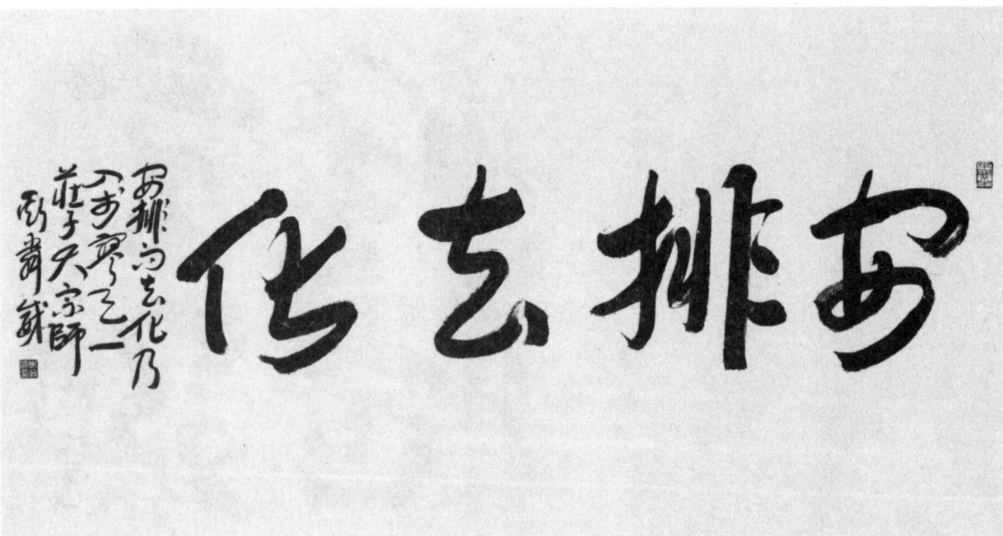

25.

安排去化

安排而去化，乃入于寥天一。

——《庄子·大宗师第六》

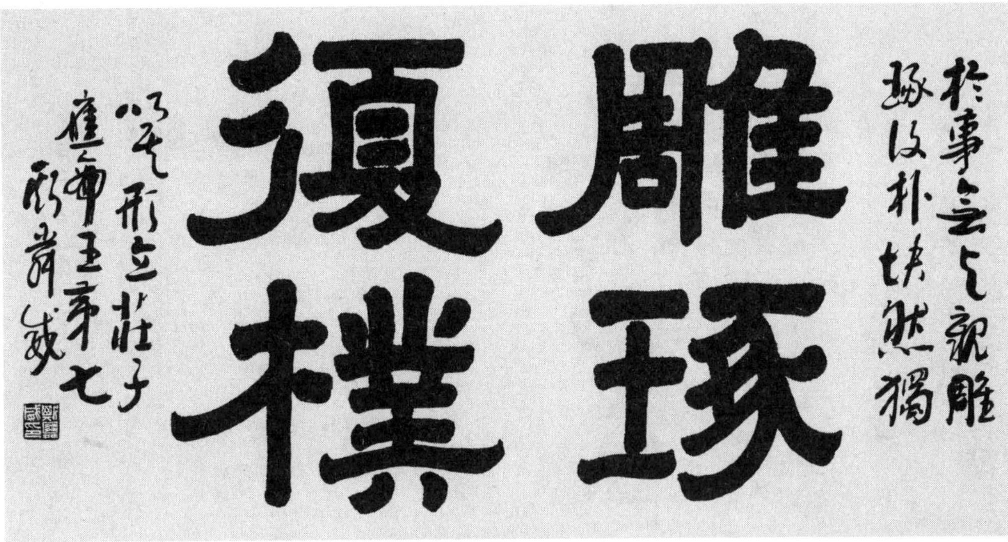

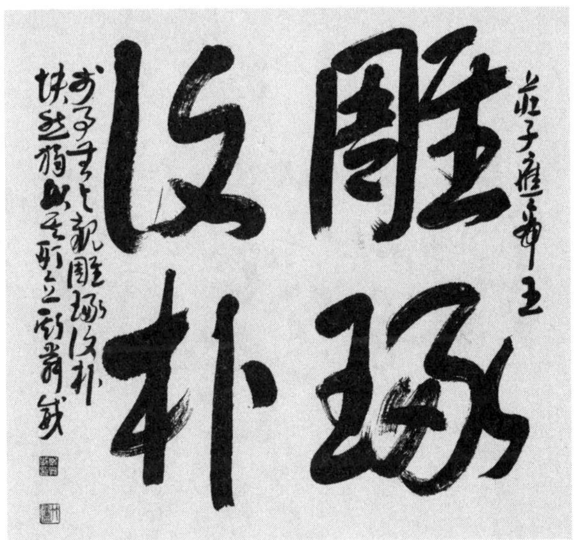

26.

雕琢复朴

于事无与亲，雕琢复朴，块然独以其形立。

——《庄子·应帝王第七》

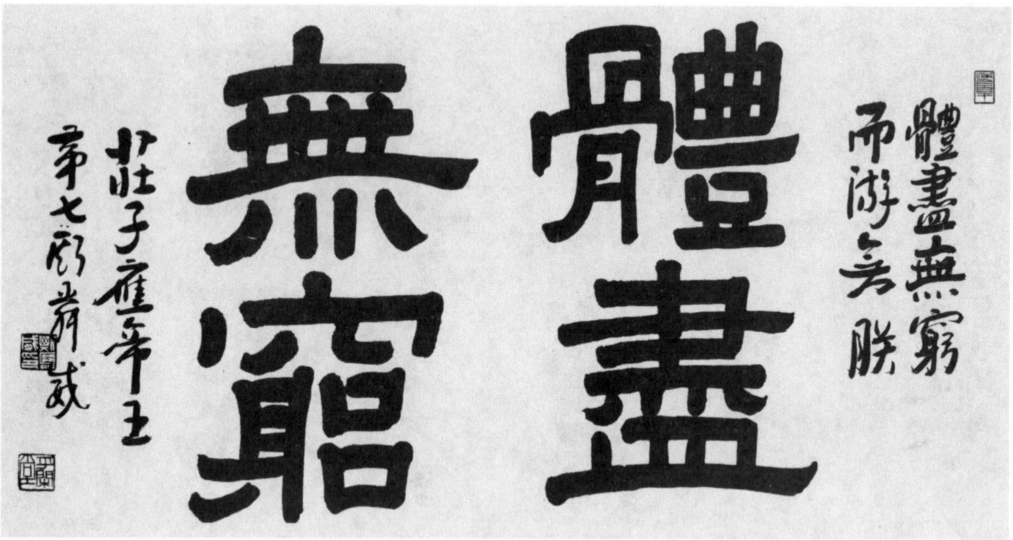

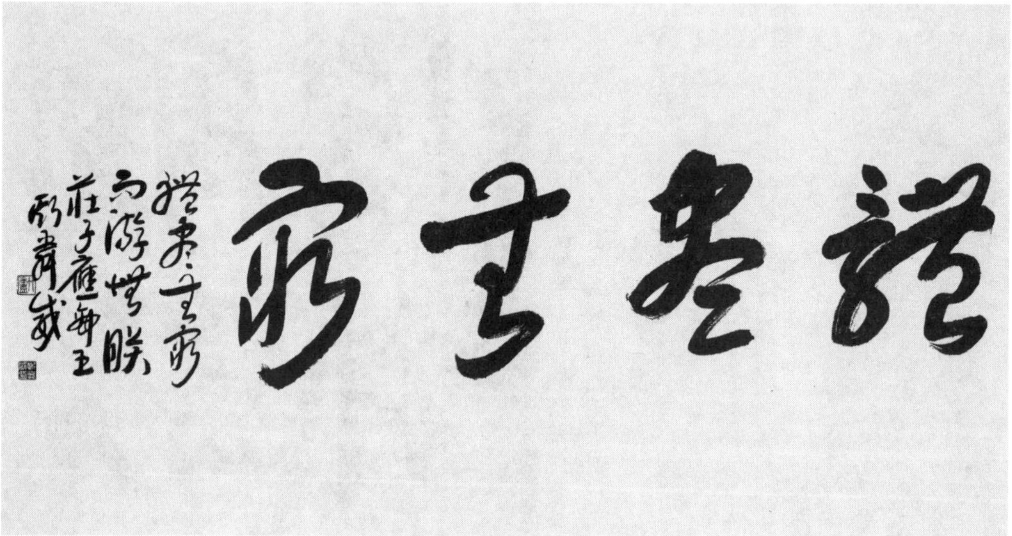

27.

体尽无穷

体尽无穷，而游无朕。

——《庄子·应帝王第七》

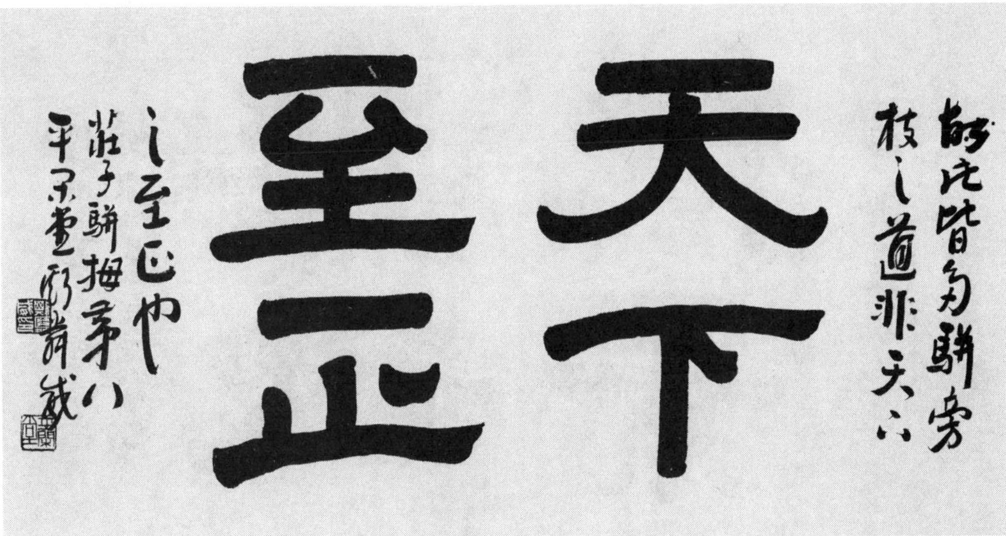

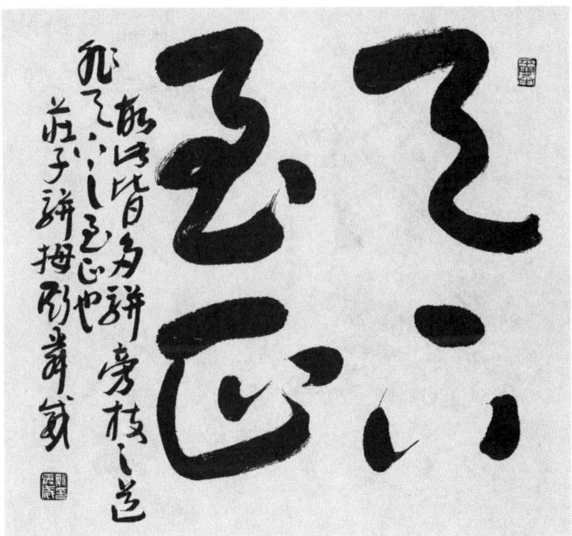

28.

天下至正

故此皆多骈旁枝之道，非天下之至正也。

——《庄子·骈拇第八》

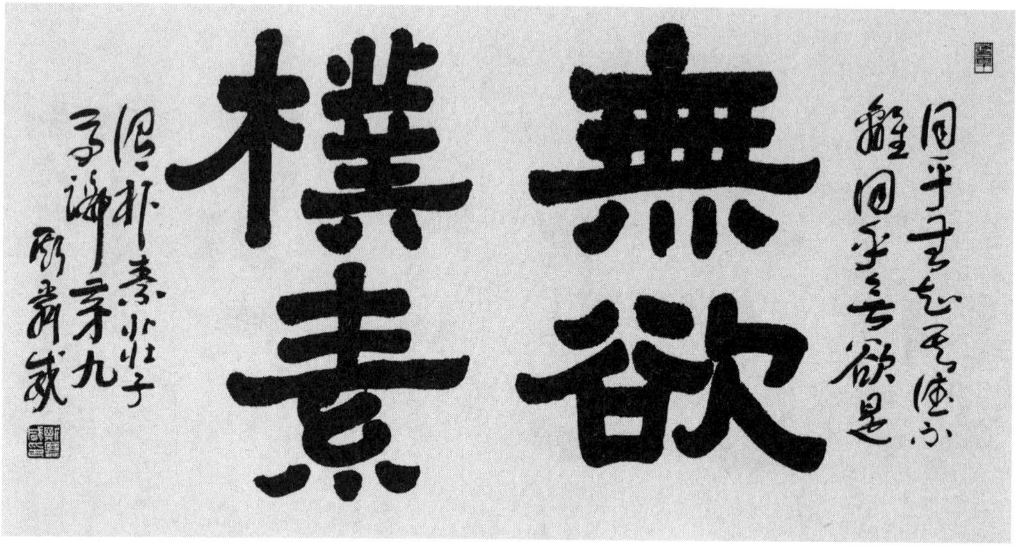

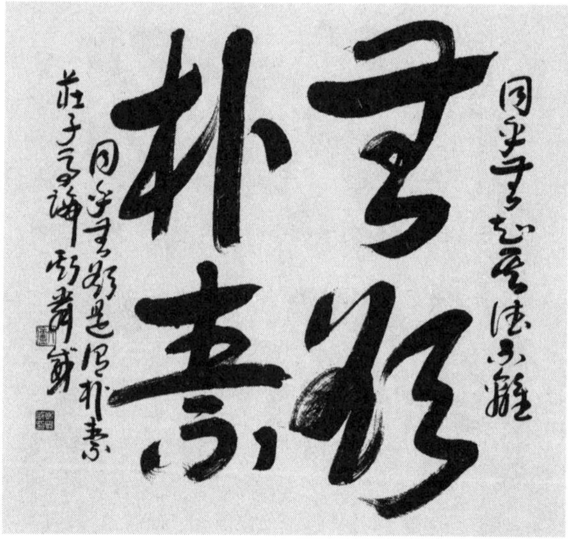

29. 无欲朴素

同乎无知，其德不离；同乎无欲，是谓朴素。

——《庄子·马蹄第九》

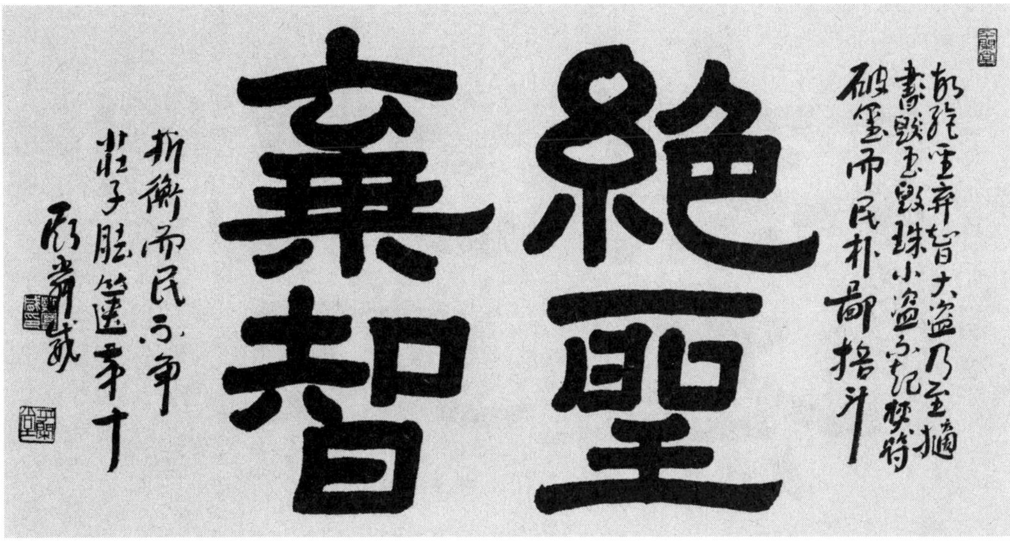

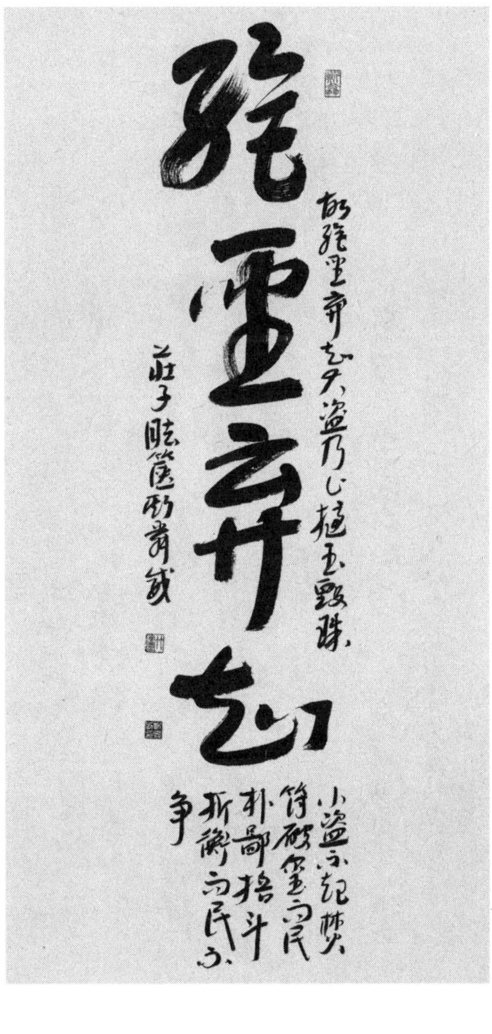

30. 绝圣弃知

故绝圣弃知，大盗乃止；擿玉毁珠，小盗不起；焚符破玺，而民朴鄙；掊斗折衡，而民不争……。

——《庄子·胠箧第十》

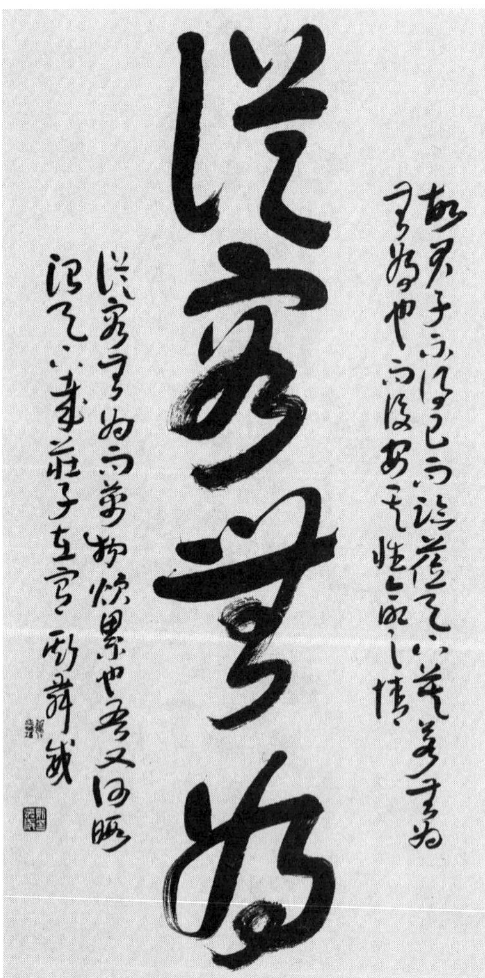

31. 从容无为

故君子不得已而临莅天下，莫若无为。无为也，而后安其性命之情……从容无为而万物炊累焉。吾又何暇治天下哉！

——《庄子·在宥第十一》

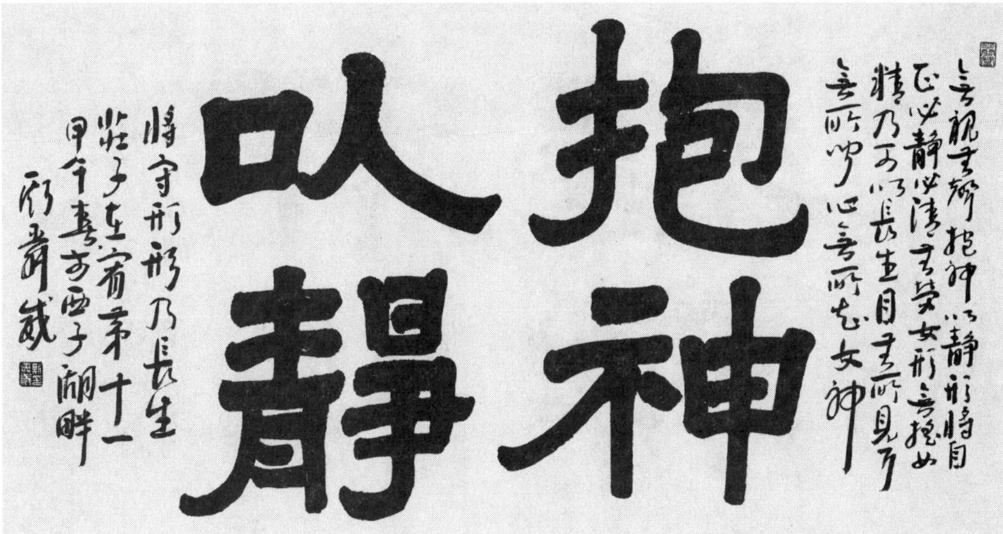

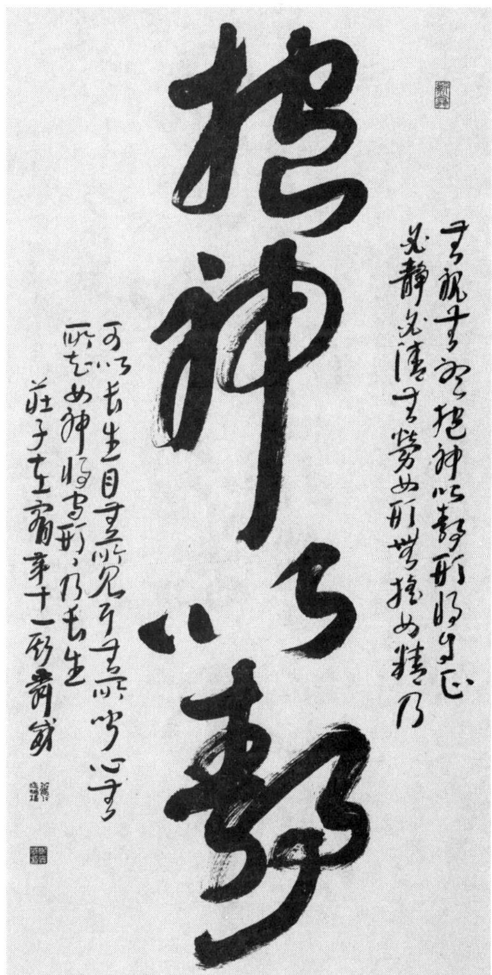

32.

抱神以静

无视无听，抱神以静，形将自正。必静必清，无劳女形，无摇女精，乃可以长生。目无所见，耳无所闻，心无所知，女神将守形，形乃长生。

——《庄子·在宥第十一》

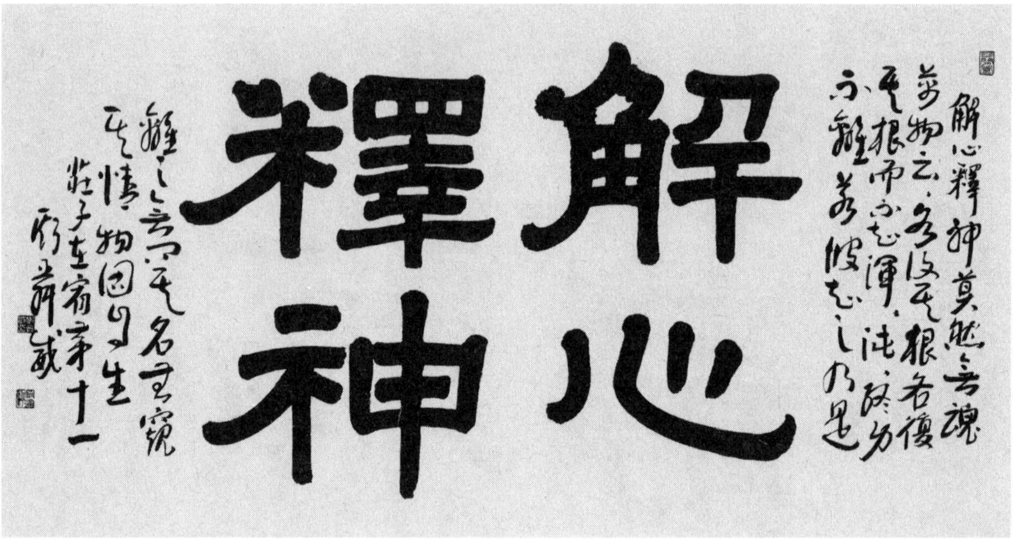

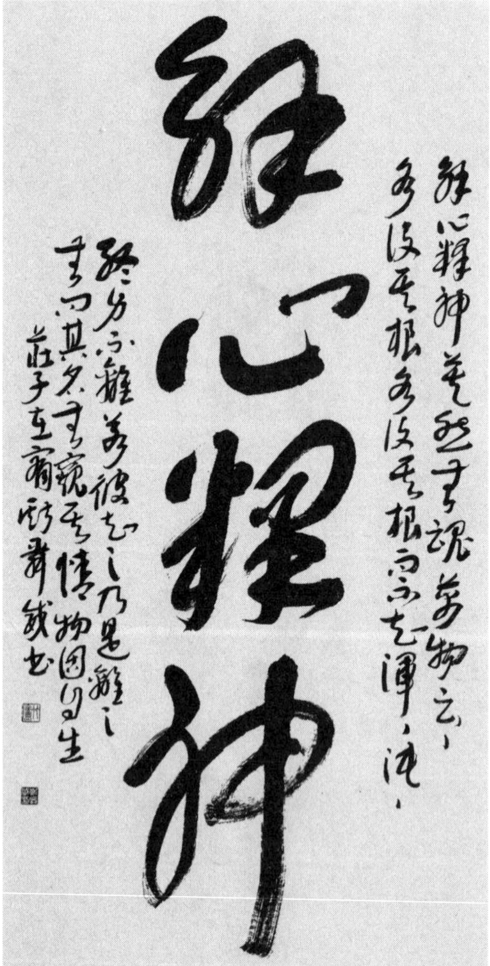

33. 解心释神

解心释神，莫然无魂。万物云云，各复其根，各复其根而不知。浑浑沌沌，终身不离。若彼知之，乃是离之。无问其名，无窥其情，物固自生。

——《庄子·在宥第十一》

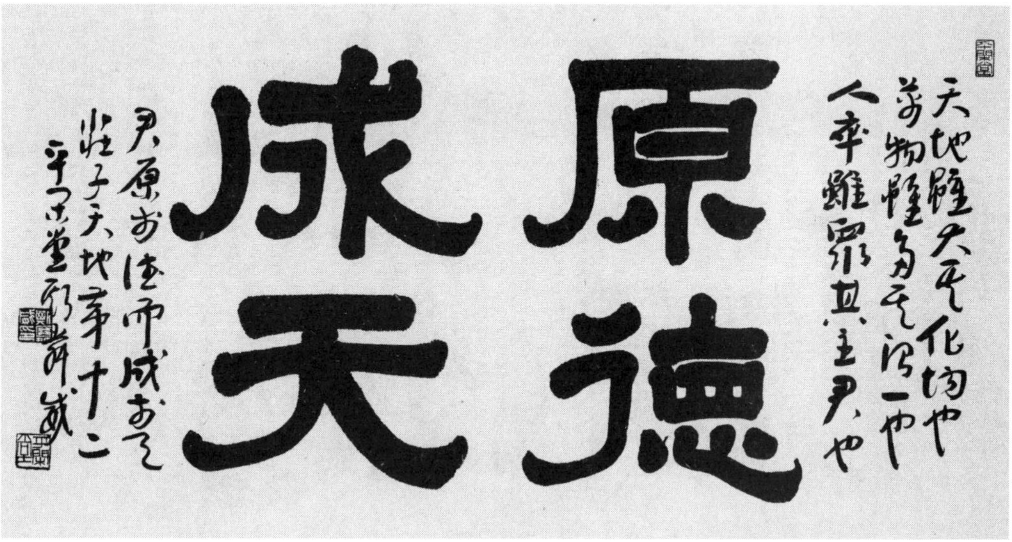

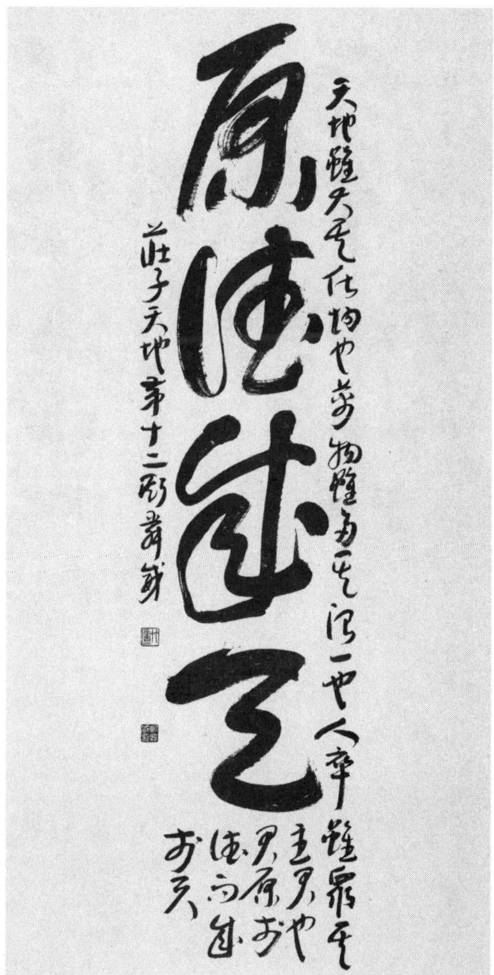

34.

原德成天

天地虽大，其化均也；万物虽多，其治一也；人卒虽众，其主君也。君原于德而成于天。

——《庄子·天地第十二》

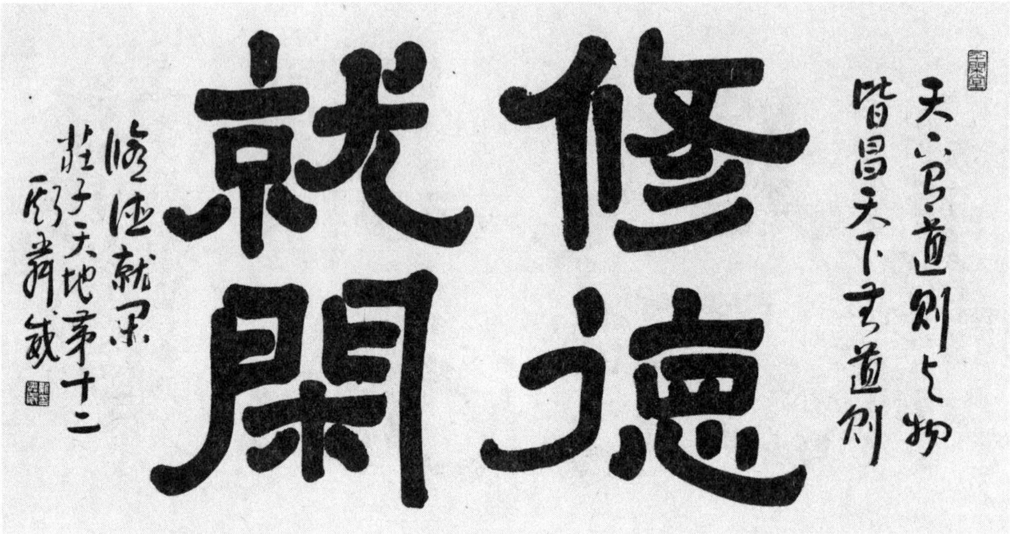

35.

修德就闲

天下有道，则与物皆昌；天下无道，则修德就闲。

——《庄子·天地第十二》

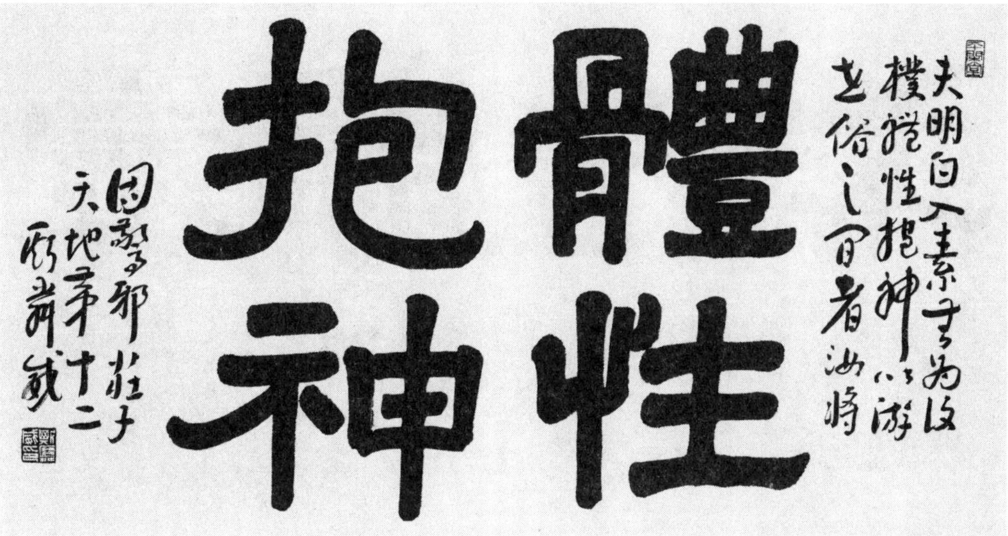

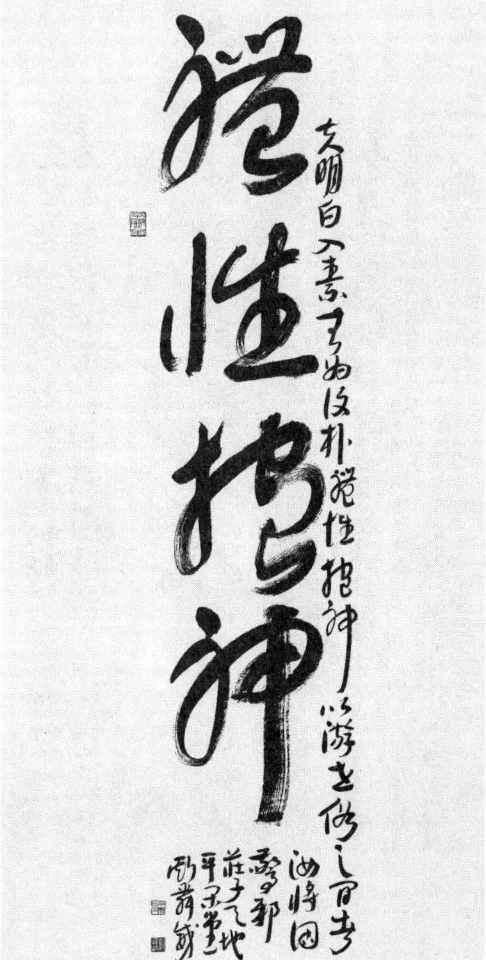

36.

体性抱神

夫明白入素，无为复朴，体性抱神，以游世俗之间者，汝将固惊邪？

——《庄子·天地第十二》

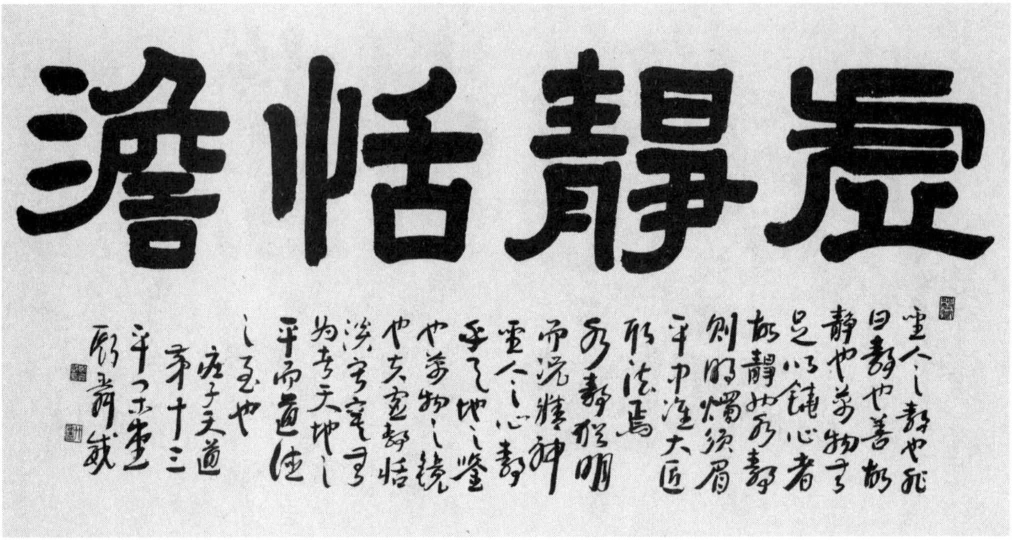

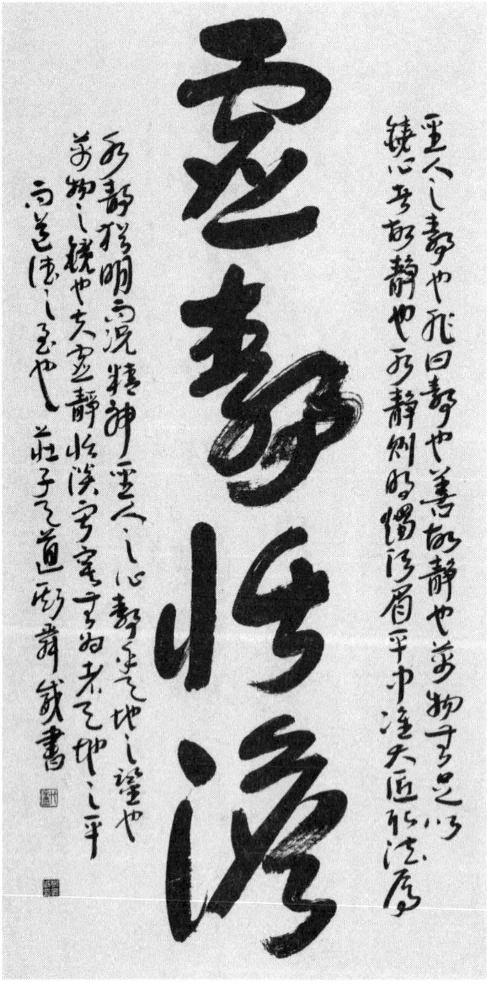

37. 虚静恬淡

圣人之静也，非曰静也善，故静也。万物无足以铙心者，故静也。水静则明烛须眉，平中准，大匠取法焉。水静犹明，而况精神！圣人之心静乎！天地之鉴也，万物之镜也。夫虚静恬淡寂漠无为者，天地之平而道德之至也。

——《庄子·天道第十三》

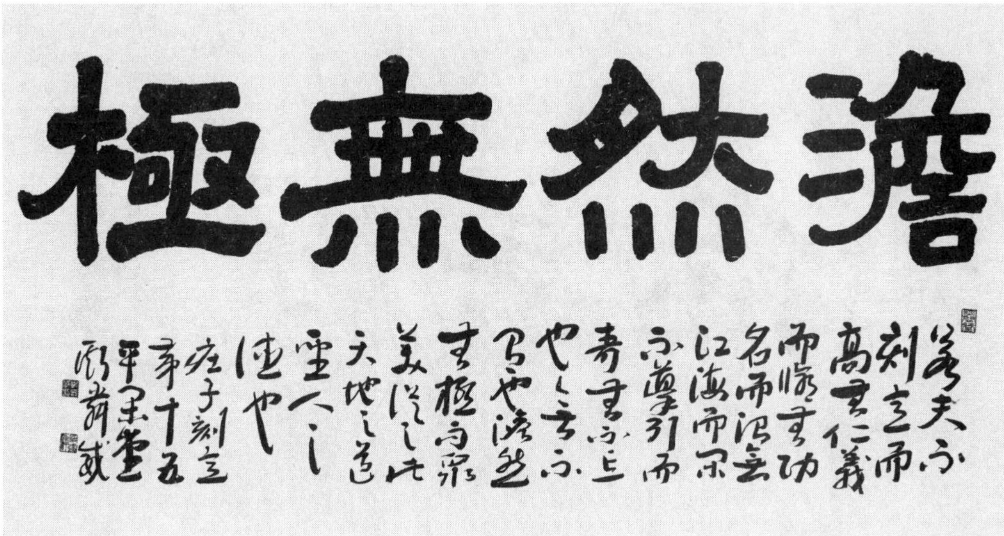

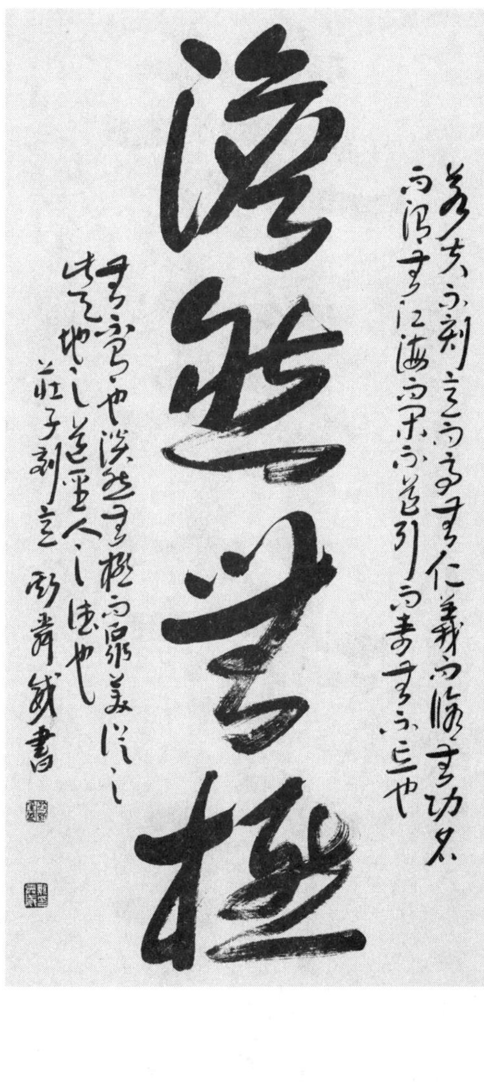

38.

淡然无极

若夫不刻意而高，无仁义而修，无功名而治，无江海而闲，不道引而寿，无不忘也，无不有也。淡然无极而众美从之。此天地之道，圣人之德也。

——《庄子·刻意第十五》

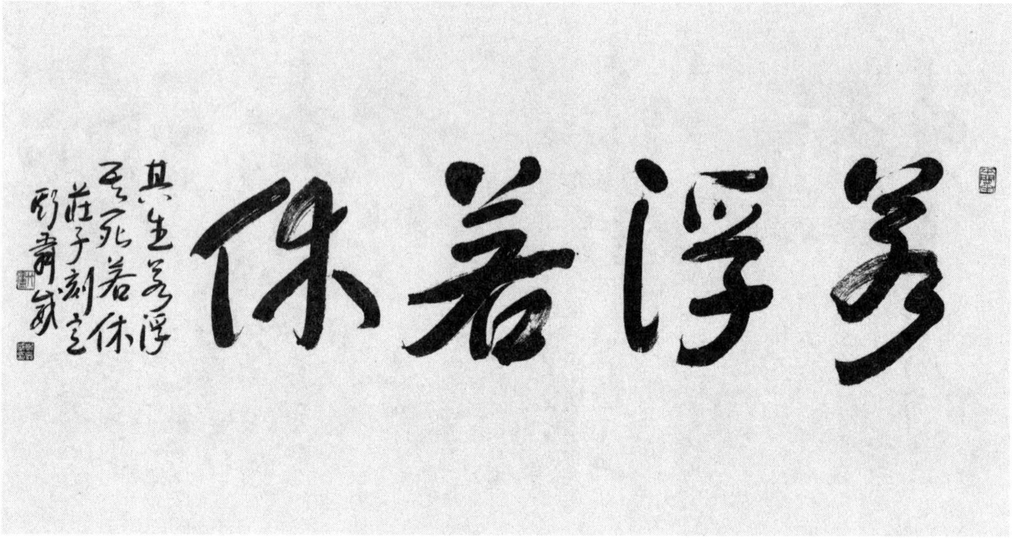

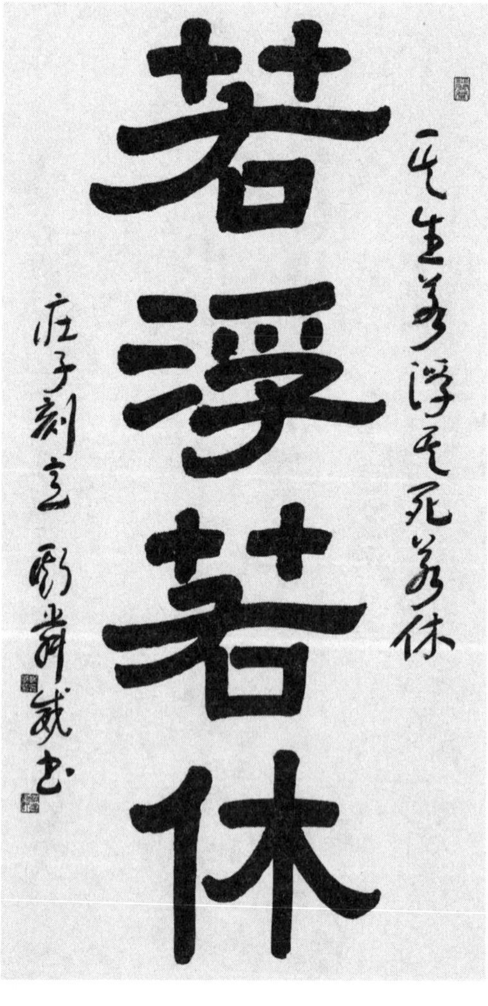

39.

若浮若休

其生若浮，其死若休。

——《庄子·刻意第十五》

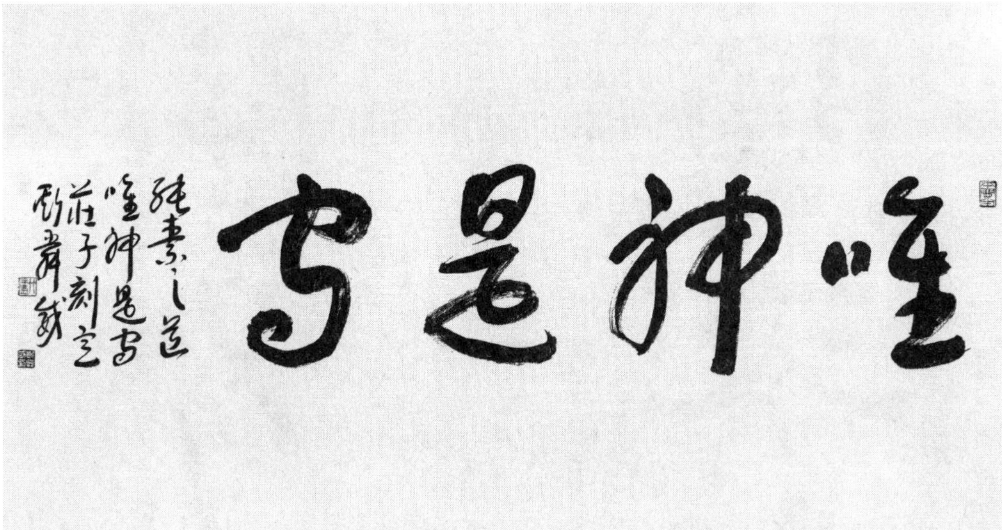

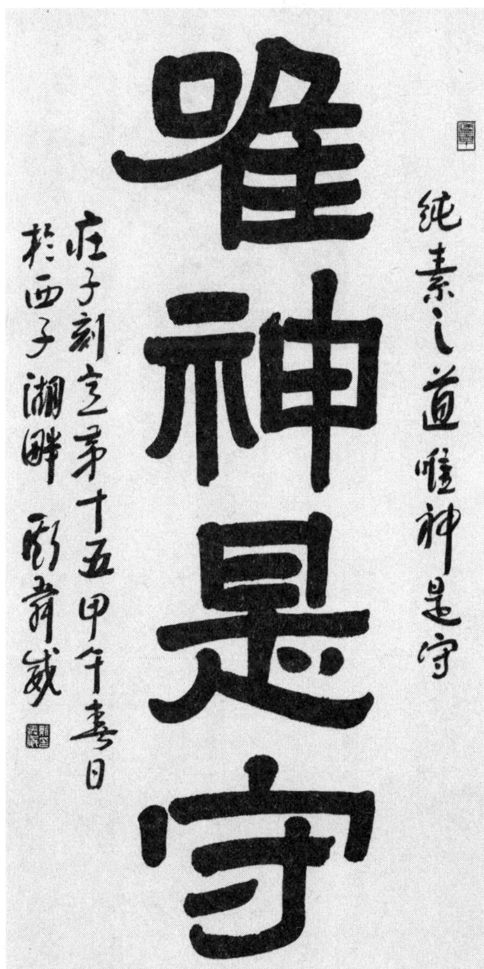

40.

唯神是守

纯素之道，唯神是守。

——《庄子·刻意第十五》

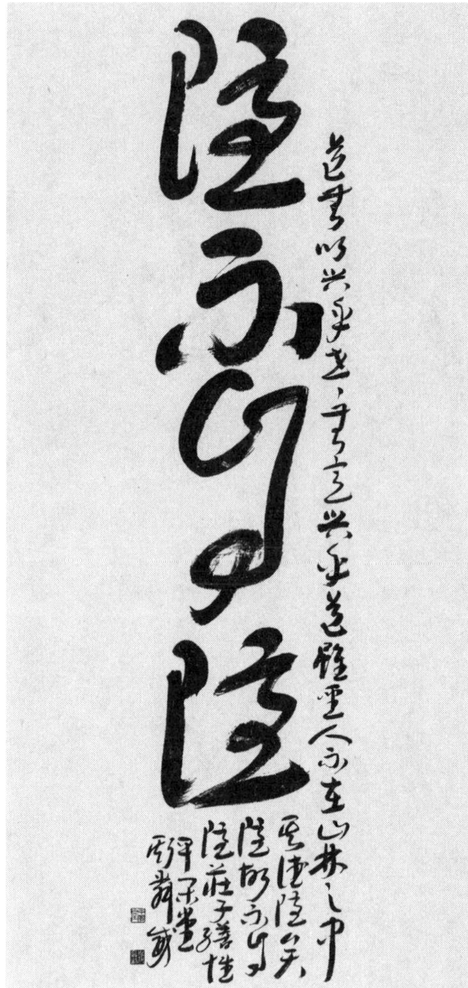

41. 隐不自隐

道无意兴乎世，世无意兴乎道，虽圣人不在山林之中，其德隐矣。隐故不自隐。

——《庄子·缮性第十六》

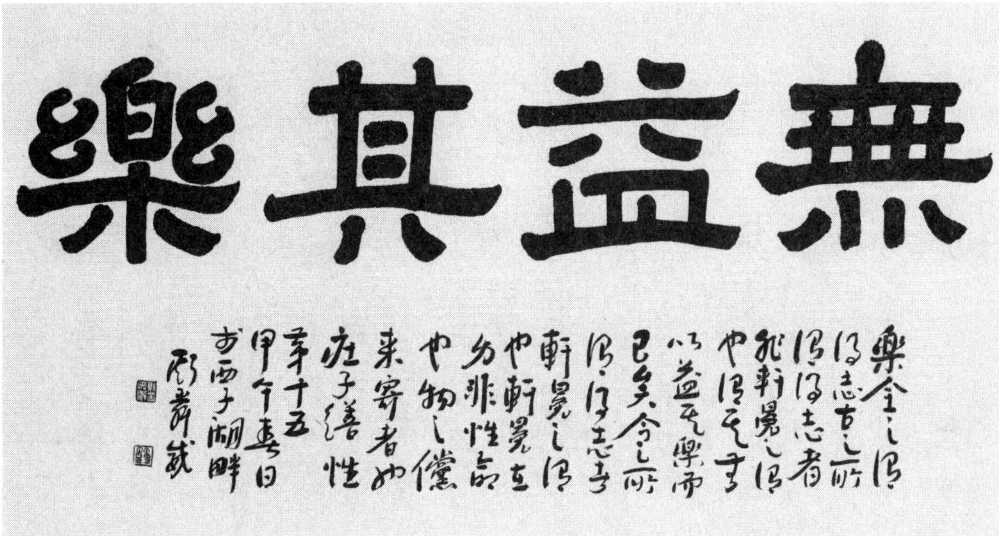

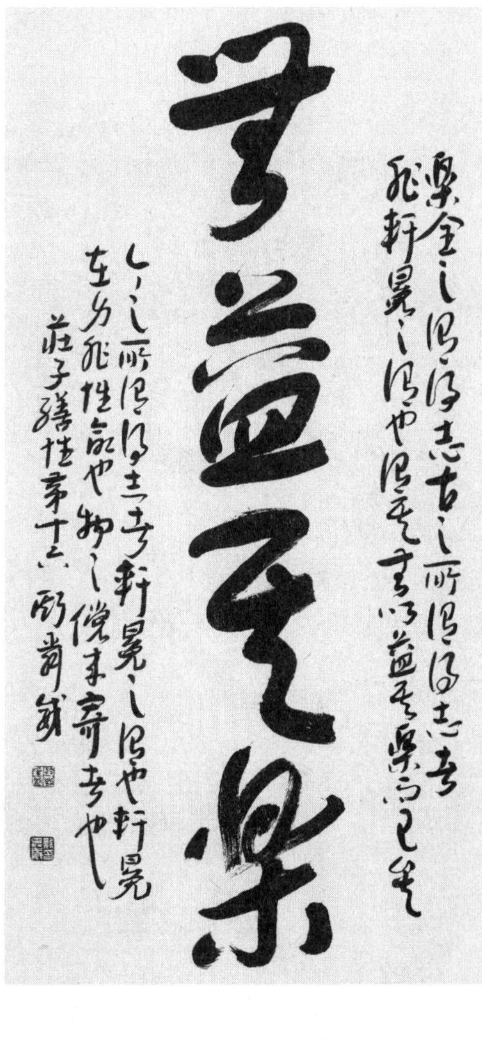

42.

无益其乐

乐全之谓得志。古之所谓得志者，非轩冕之谓也，谓其无以益其乐而已矣。今之所谓得志者，轩冕之谓也。轩冕在身，非性命也，物之傥来，寄者也。

——《庄子·缮性第十六》

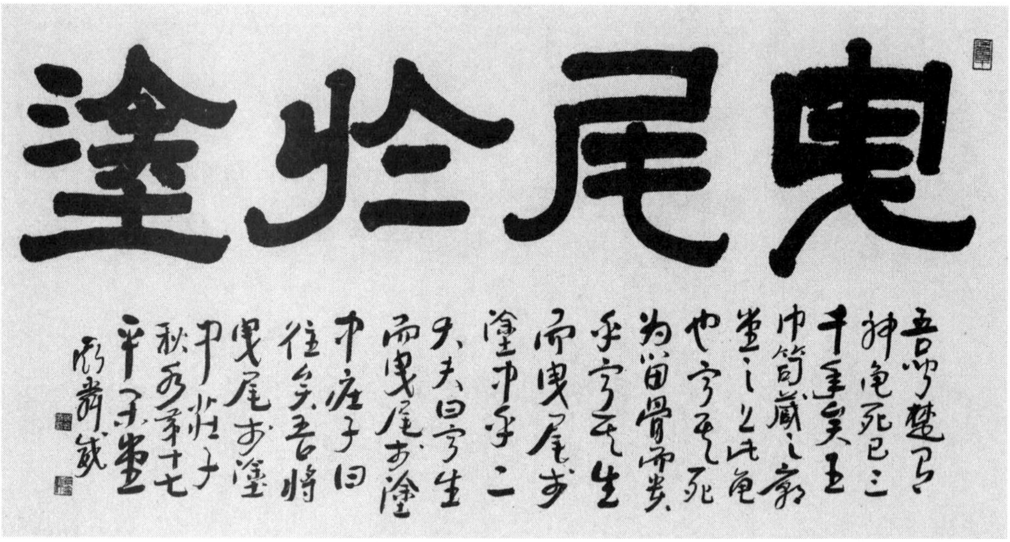

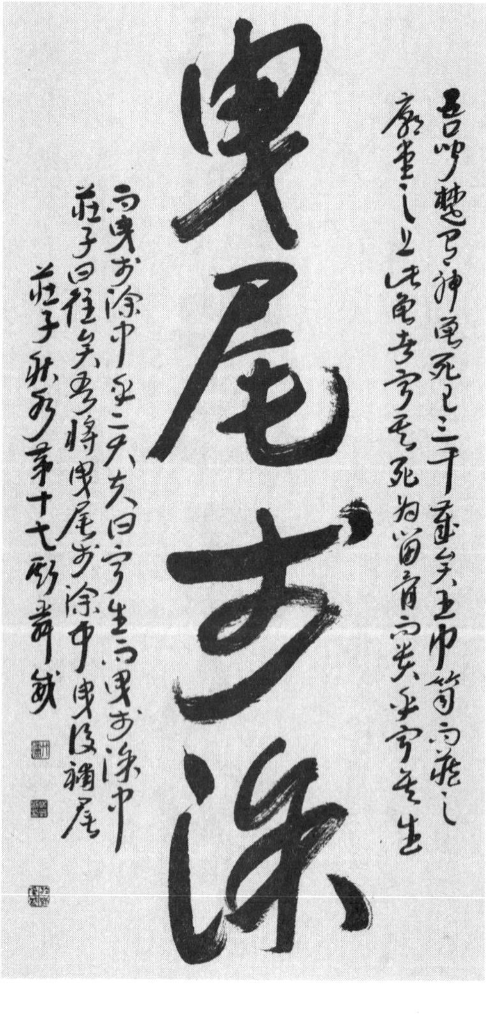

43.

曳尾于涂

「吾闻楚有神龟，死已三千岁矣。王巾笥而藏之庙堂之上。此龟者，宁其死为留骨而贵乎？宁其生而曳尾于涂中乎？」二大夫曰：「宁生而曳尾于涂中。」庄子曰：「往矣！吾将曳尾于涂中。」

——《庄子·秋水第十七》

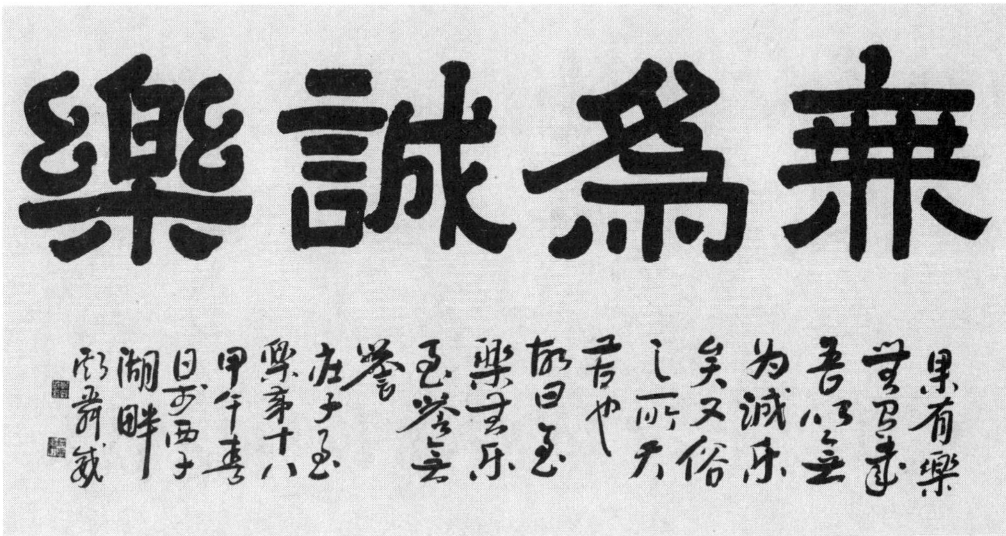

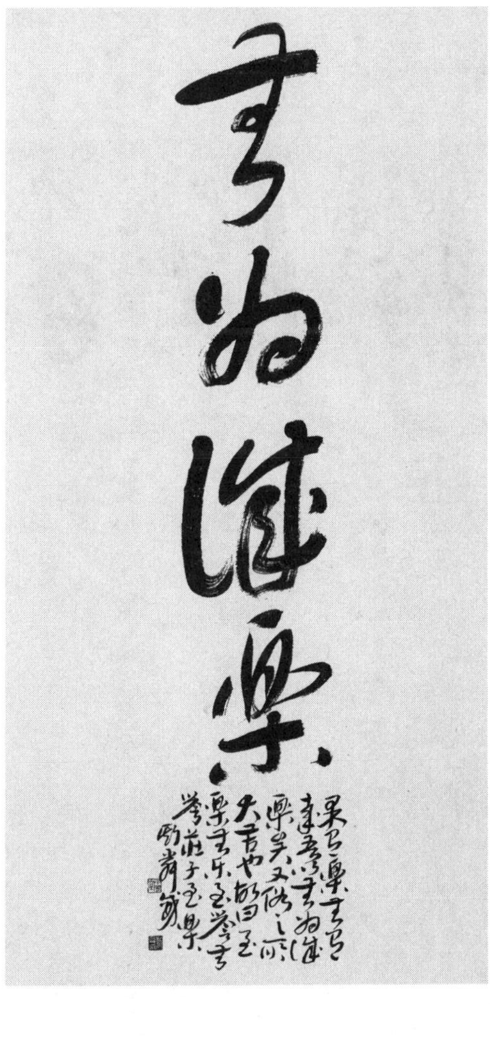

44.

无为诚乐

果有乐无有哉？吾以无为诚乐矣，又俗之所大苦也。故曰：至乐无乐，至誉无誉。

——《庄子·至乐第十八》

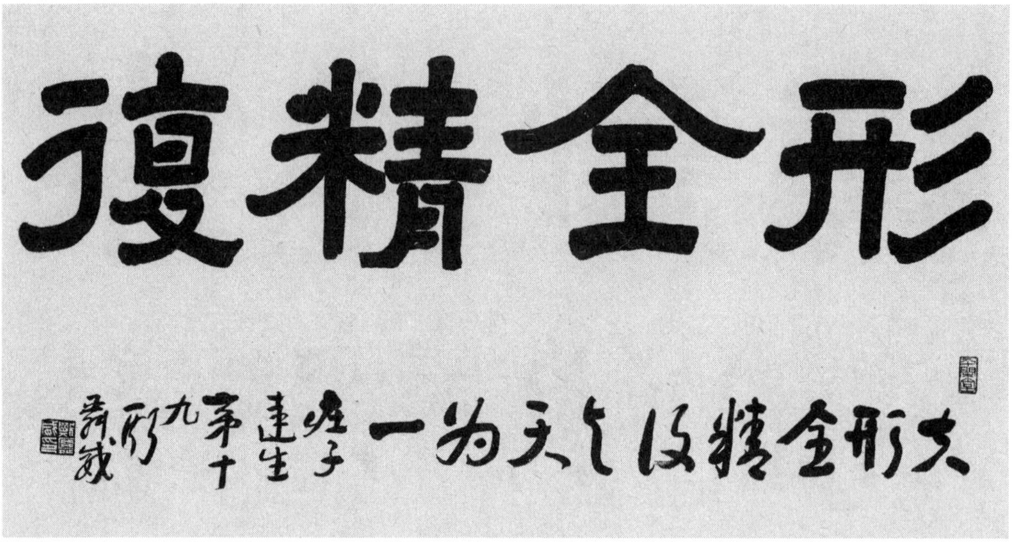

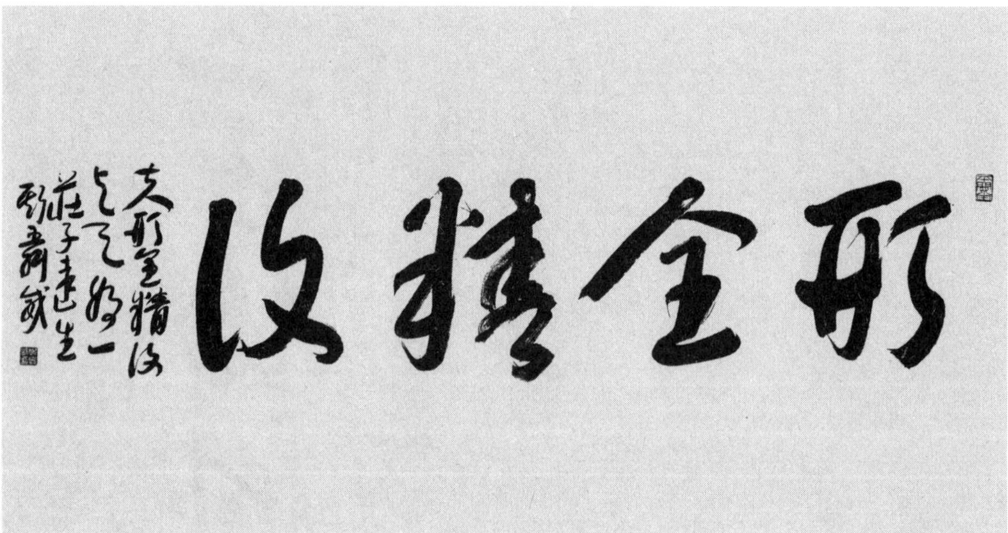

45.
形全精复

夫形全精复，与天为一。

——《庄子·达生第十九》

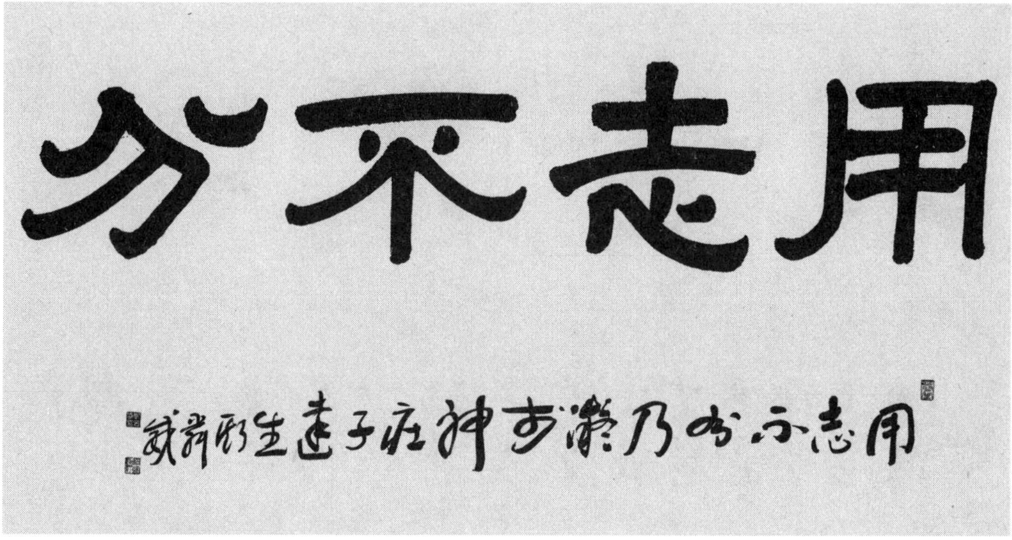

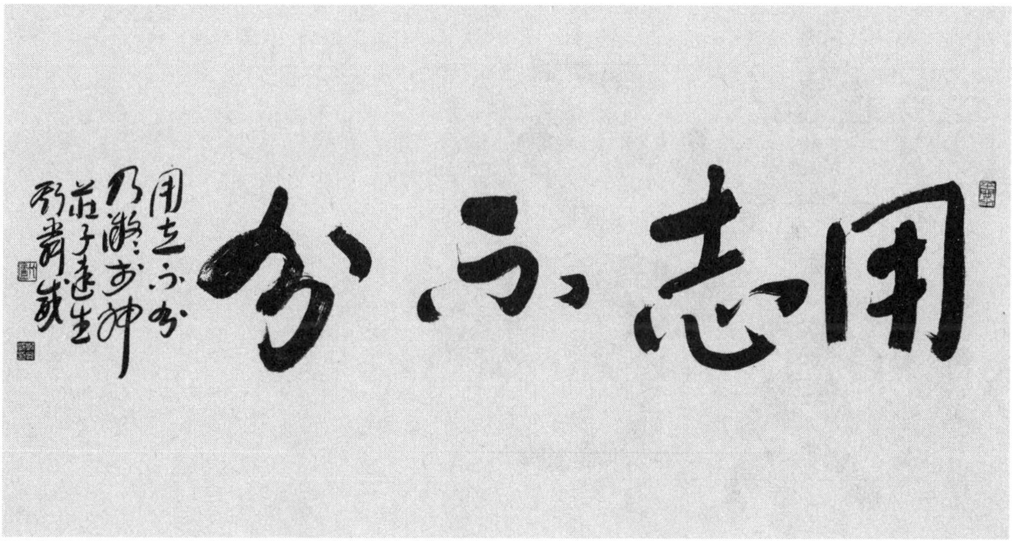

46.

用志不分

用志不分，乃凝于神。

——《庄子·达生第十九》

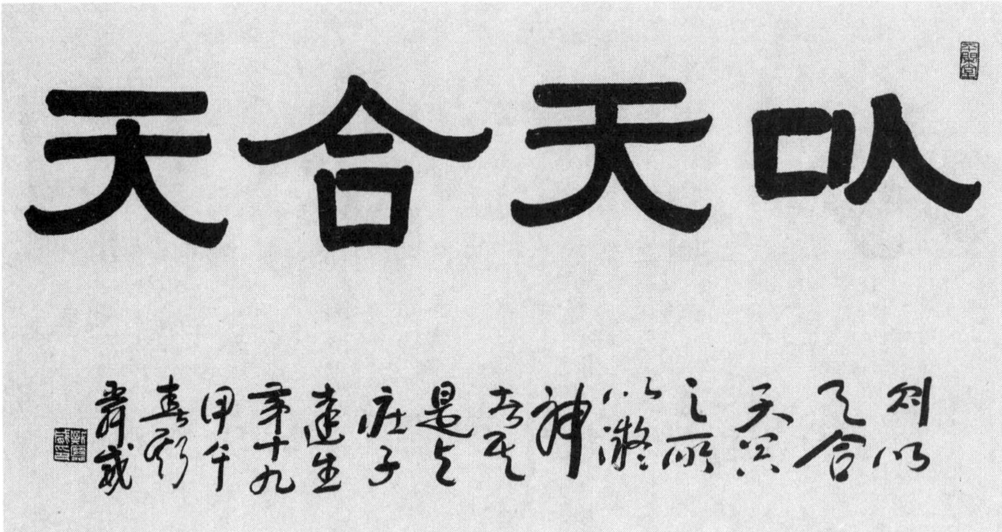

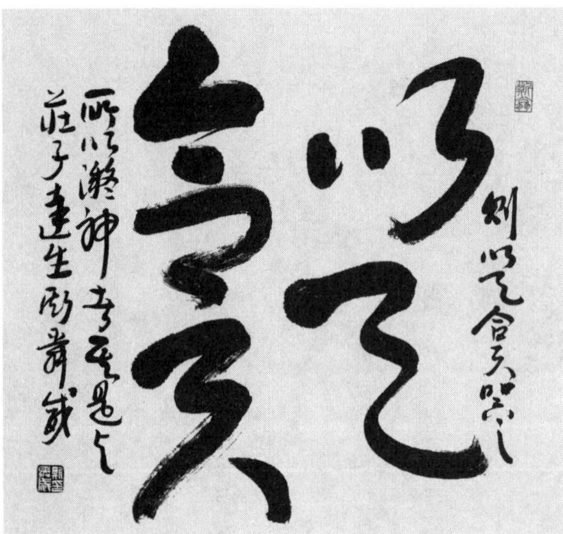

47. 以天合天

则以天合天，器之所以凝神者，其是与！

——《庄子·达生第十九》

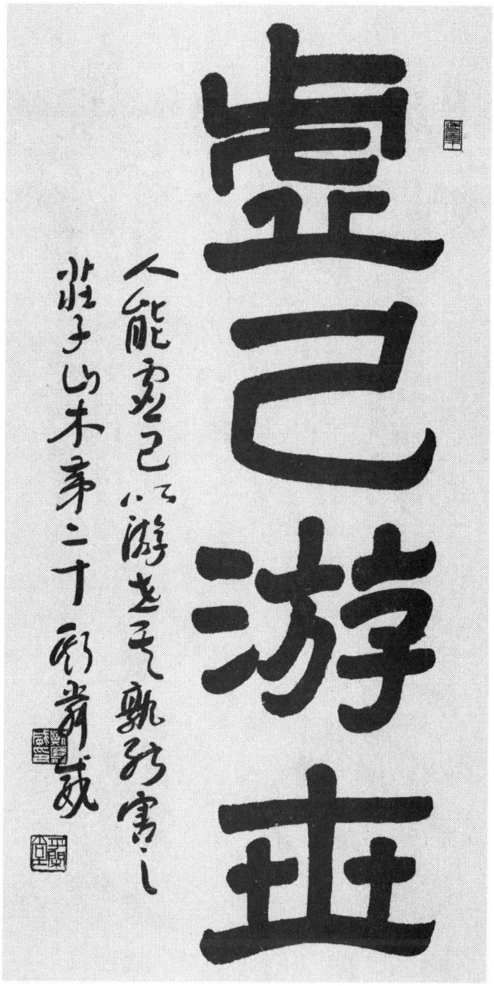

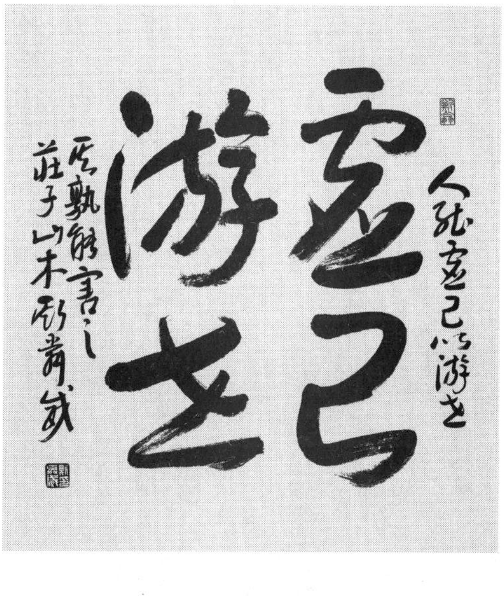

48.

虚己游世

人能虚己以游世，其孰能害之。

——《庄子·山木第二十》

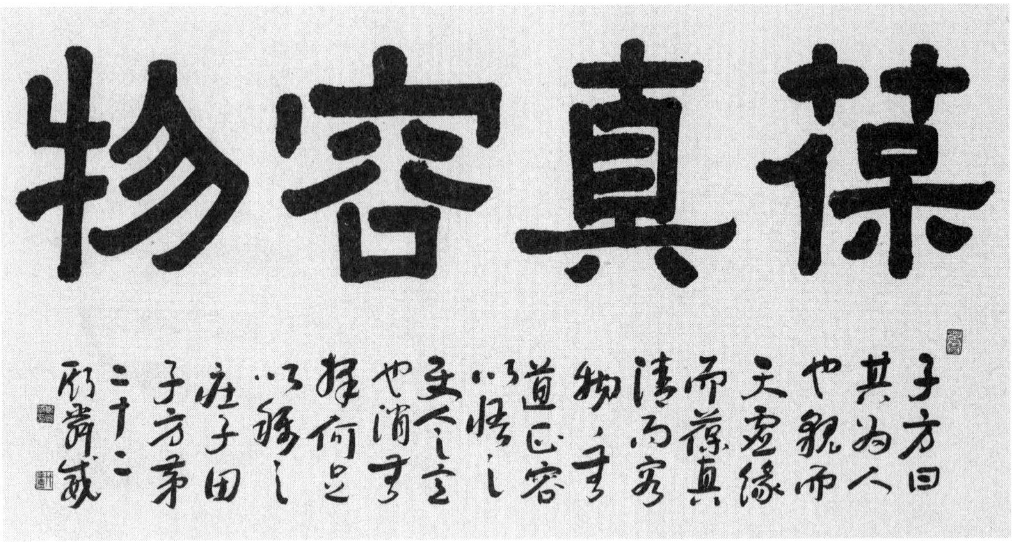

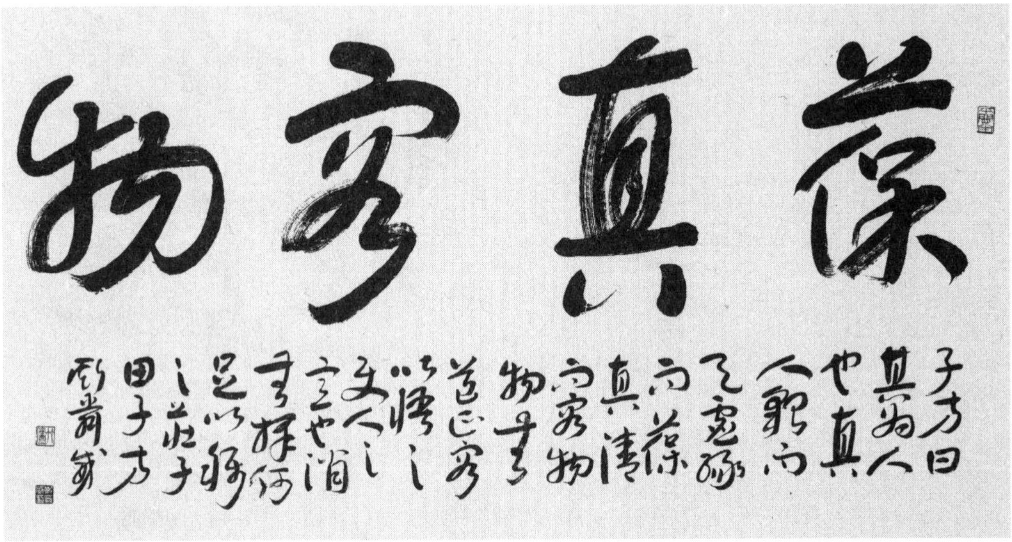

49. 葆真容物

子方曰：「其为人也真。人貌而天虚，缘而葆真，清而容物。物无道，正容以悟之，使人之意也消。无择何足以称之。」

——《庄子·田子方第二十一》

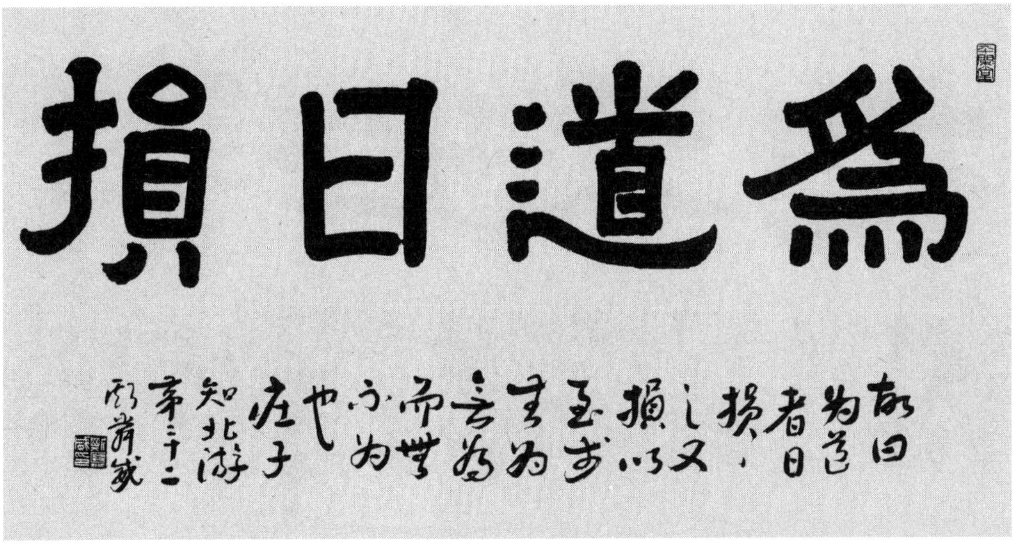

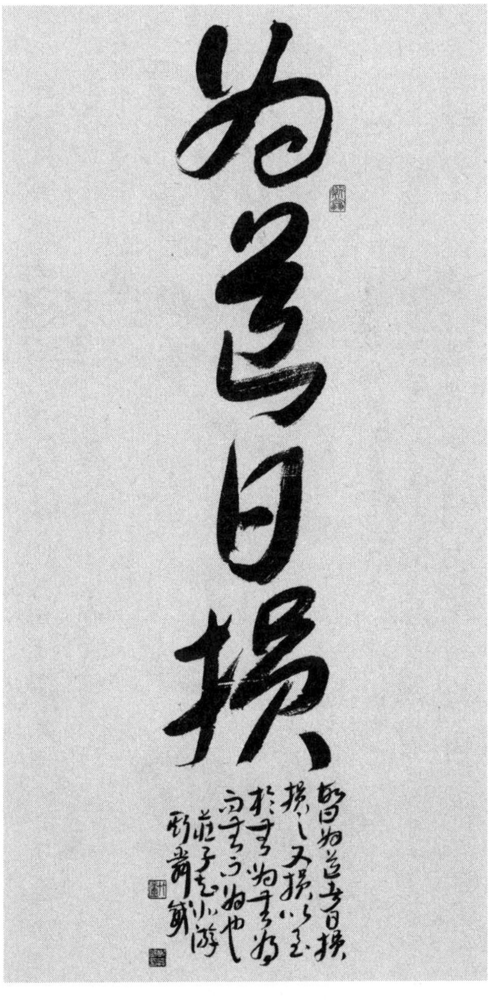

50.

为道日损

故曰：「为道者日损，损之又损，以至于无为。无为而无不为也。」

——《庄子·知北游第二十二》

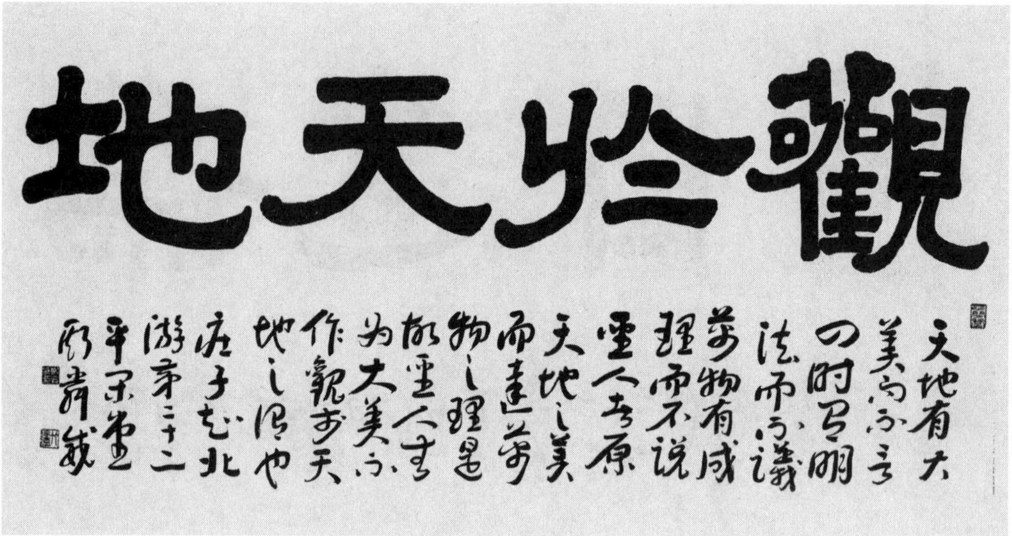

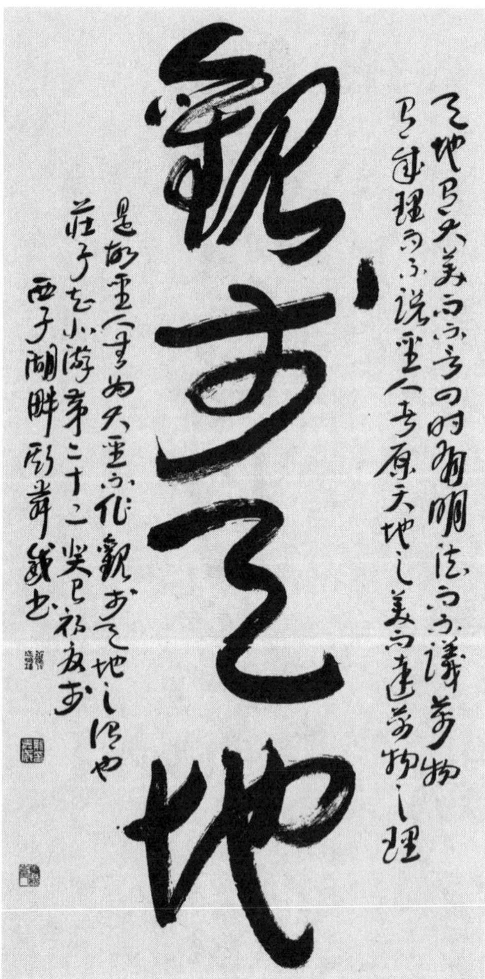

51.

观于天地

天地有大美而不言，四时有明法而不议，万物有成理而不说。圣人者，原天地之美而达万物之理。是故圣人无为，大圣不作，观于天地之谓也。

——《庄子·知北游第二十二》

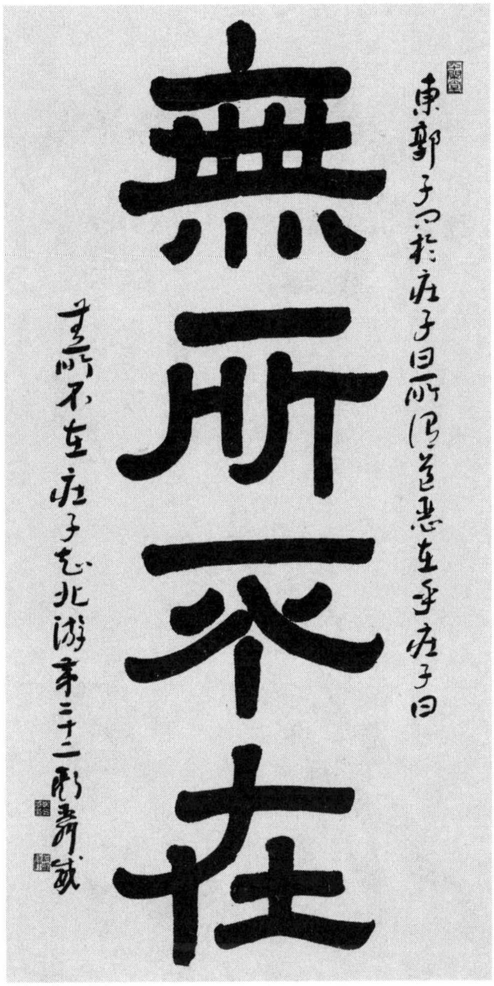

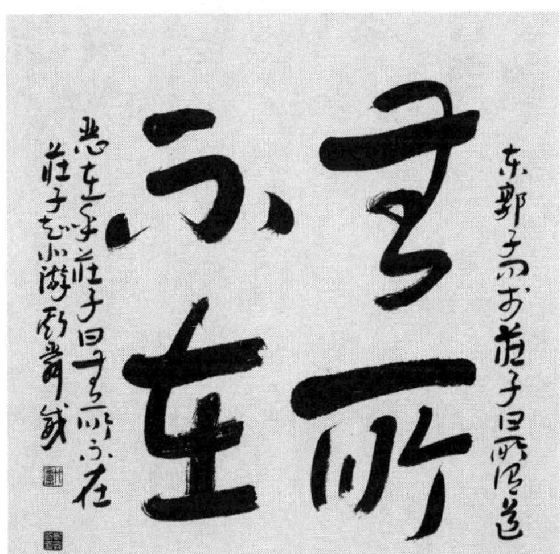

52.

无所不在

东郭子问于庄子曰：「所谓道，恶乎在？」庄子曰：「无所不在。」

——《庄子·知北游第二十二》

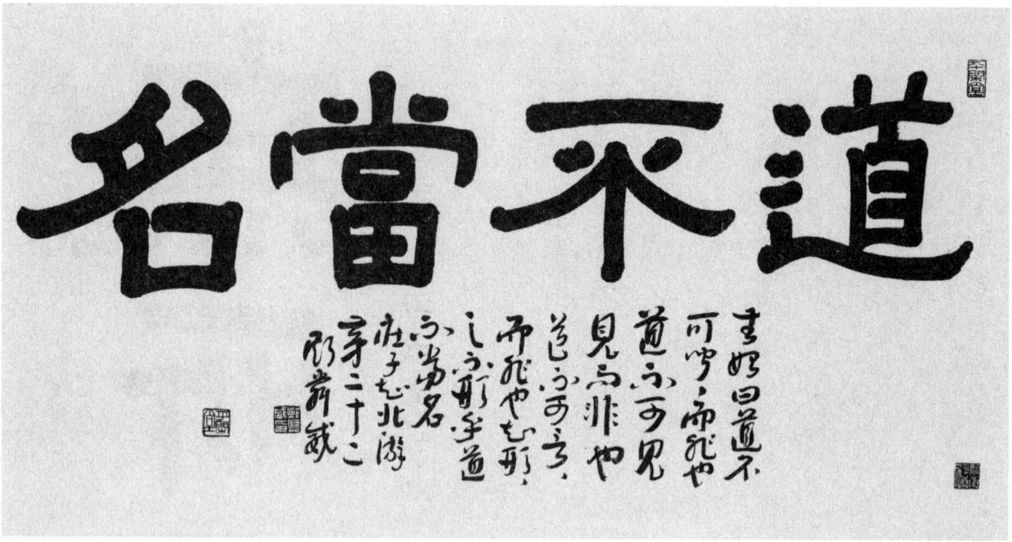

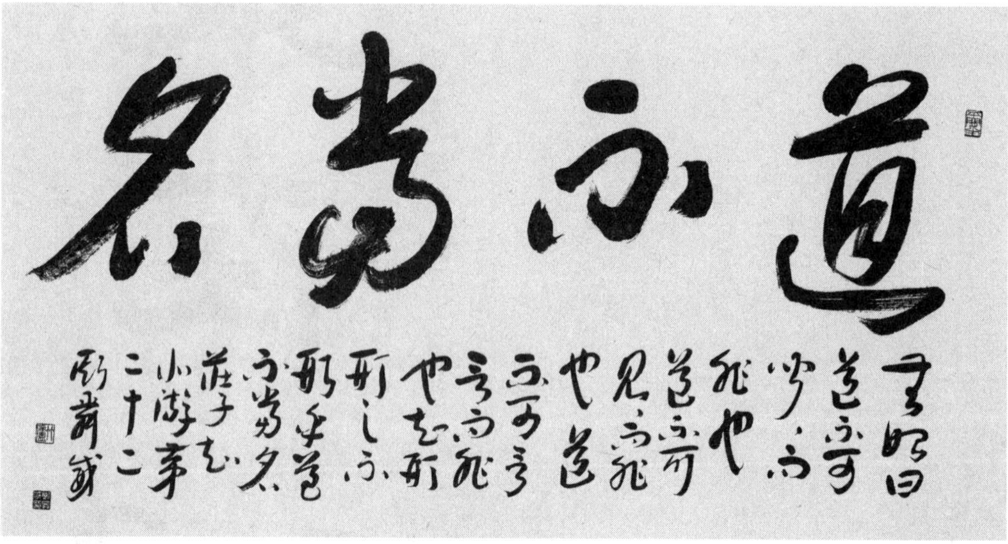

53.

道不当名

无始曰：「道不可闻，闻而非也；道不可见，见而非也；道不可言，言而非也！知形形之不形乎！道不当名。」

——《庄子·知北游第二十二》

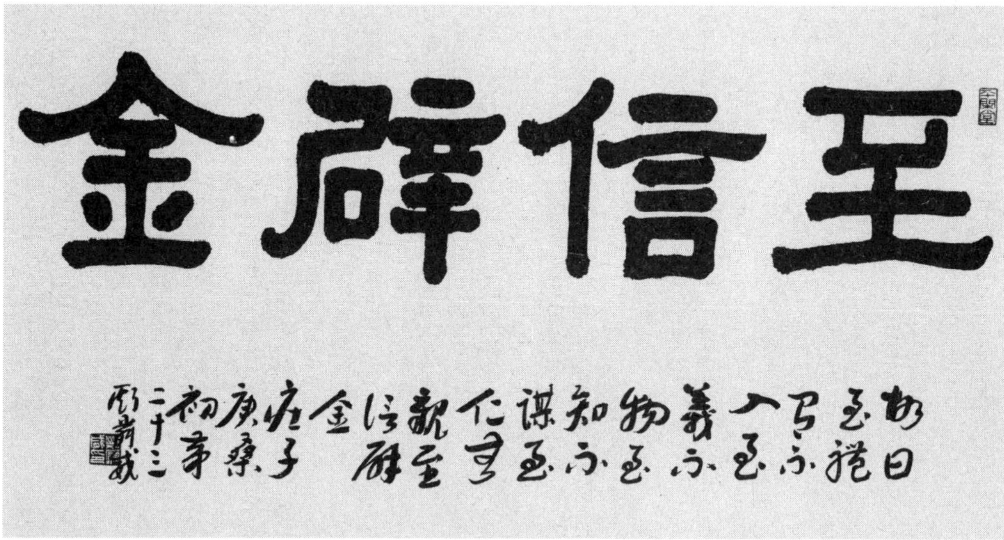

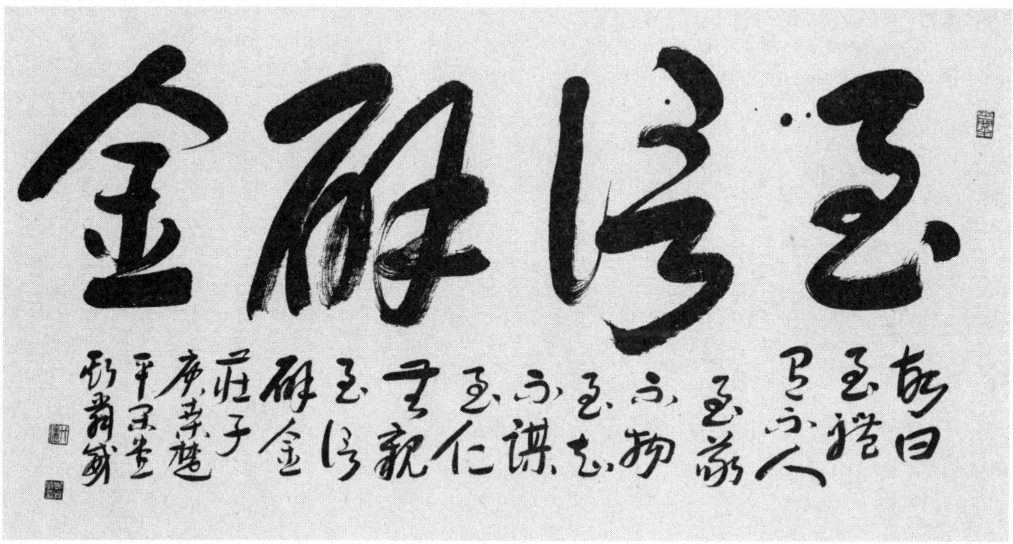

54.

至信辟金

故曰：「至礼有不人，至义不物，至知不谋，至仁无亲，至信辟金。」

——《庄子·庚桑楚第二十三》

图书在版编目(CIP)数据

关于庄子的五十四种解读与书写 / 斯舜威著. —上海：东方出版中心，2015.1
ISBN 978-7-5473-0734-2

Ⅰ. ①关… Ⅱ. ①斯… Ⅲ. ①道家 ②庄子—研究 Ⅳ. ①B223.55

中国版本图书馆CIP数据核字(2014)第276507号

关于庄子的五十四种解读与书写

出版发行：中国出版集团 东方出版中心
地　　址：上海市仙霞路345号
电　　话：62417400
邮政编码：200336
经　　销：全国新华书店
印　　刷：昆山市亭林印刷有限责任公司
开　　本：787×1092毫米 1/16
字　　数：212千
印　　张：10.5 插页2
版　　次：2015年1月第1版第1次印刷
印　　数：0,001—3,050
ISBN 978-7-5473-0734-2
定　　价：36.00元

东方出版中心邮购部 电话：52069798